做具有卓越执行力的年轻干部

刘玉瑛 著

北京联合出版公司
Beijing United Publishing Co.,Ltd.

图书在版编目（CIP）数据

做具有卓越执行力的年轻干部 / 刘玉瑛著 . -- 北京：
北京联合出版公司 , 2023.9
ISBN 978-7-5596-7167-7

Ⅰ . ①做… Ⅱ . ①刘… Ⅲ . ①青年干部—干部培养—
中国 Ⅳ . ① D630.3

中国国家版本馆 CIP 数据核字（2023）第 151136 号

做具有卓越执行力的年轻干部
作　　者：刘玉瑛
出 品 人：赵红仕
责任编辑：高霁月
版式设计：豆安国
责任编审：赵　娜

北京联合出版公司出版
（北京市西城区德外大街 83 号楼 9 层　100088）
北京华景时代文化传媒有限公司发行
北京中科印刷有限公司印刷　　新华书店经销
字数 168 千字　　690 毫米 × 980 毫米　　1/16　　16 印张
2023 年 9 月第 1 版　　2023 年 9 月第 1 次印刷
ISBN 978-7-5596-7167-7
定价：48.00 元

前　言

　　中华民族伟大复兴、中国式现代化建设是实实在在干出来的，离不开执行力，尤其是卓越执行力。卓越执行力，会让年轻干部用铁的肩膀扛起把党的路线方针政策落到实处的责任；会让年轻干部成为遵守党纪国法、制度规范的典范；会让年轻干部受到组织的重视、领导的信任、群众的爱戴，在激烈的竞争中脱颖而出；会让年轻干部在前行的道路上行稳致远，最终成为真正可堪大用、能担重任的栋梁之才，不辜负党和人民的期望和重托。

　　那么，年轻干部怎样才能具有卓越执行力？本书回答了这个问题。

　　本书的最大特点是"事理圆融"，以问题为导向，既有理论性，又有实践性，不仅提出问题，更给出了解决问题的方法。它既适合做年轻干部修炼内功、强化卓越执行力的阅读书籍，也适合做各级党校、各级党组织对年轻干部培训的教材。

　　在撰写本书的过程中，许多专家、学者所撰写的专著和论文给了我许多启迪，同时本书也引用了一些经典古文、历史事件以及现代书刊中的典型案例和媒体报道的真实资料，在此，我谨向这些文字版权所有者致以诚挚的谢意。

同时，我还想对北京华景时代文化传媒有限公司的朱文平先生和刘雅文女士说一句"谢谢"！他们为本书的问世付出了辛勤的劳动。

刘玉瑛

2023 年 3 月 22 日

目　录

第一章

年轻干部的核心竞争力

竞争天然存在，难以避免，有时竞争还相当激烈。年轻干部要想在激烈的竞争中脱颖而出，核心竞争力必不可少。所谓核心竞争力，是指能够为竞争主体带来比较竞争优势的资源。

那么，年轻干部在职场、仕途的核心竞争力是什么？回答这个问题可能见仁见智，我认为，其核心竞争力是执行力。

一、执行力是年轻干部的硬实力

众所周知，"德、能、勤、绩、廉"，是组织上考察、考核干部的五个重要维度。年轻干部要顺利地通过组织考察、考核，过"政治关、品行关、能力关、作风关、廉洁关"，执行力不可或缺。执行力是年轻干部的硬实力。年轻干部如果没有执行力，注定是过不了"政治关、品行关、能力关、作风关、廉洁关"的。

（一）过"政治关"，要有政治执行力

党组织在政治上对干部提出了一系列的要求，即坚定正确的政治方向，坚持共产主义远大理想和社会主义共同理想不动摇，保持政治忠诚，具有政治担当，等等。

党组织对干部提出的这些政治要求，只有具有政治执行力，才能把它们落实执行到位。从根本上讲，年轻干部要过"政治关"，必须具有政治执行力。

没有政治执行力，政治忠诚就会是一句空话。

政治忠诚要求年轻干部对党忠诚，"对党忠诚，不是抽象的而是具体的，不是有条件的而是无条件的，必须体现到对党的信仰的忠诚上，必须体现到对党组织的忠诚上，必须体现到对党的理论和路线方针政策的忠诚上"①。

对党的理论和路线方针政策的忠诚，就是要不折不扣地落实执行党的理论和路线方针政策，这也是对党忠诚的核心要义。

比如，没有政治执行力，政治担当就是一张空头支票。

政治担当，就是担起政治上的责任。年轻干部根本的政治担当，就是要为党分忧，为民解难；为党尽职，鞠躬尽瘁；为民造福，无私奉献；坚持原则，敢于斗争。

对这些具体的政治担当内容要求，年轻干部如果没有政治执行

---

① 习近平：《论坚持党对一切工作的领导》，中央文献出版社2019年版，第171页。

力，是落不到实处的。

（二）过"品行关"，要遵守道德规范

品行，是人的品德行为。《党政领导干部选拔任用工作条例》对考察干部"品行关"的内容要求是："深入考察道德品行，加强对工作时间之外表现的考察，注重了解社会公德、职业道德、家庭美德、个人品德等方面的情况。"

2022年9月8日，中共中央办公厅印发的《推进领导干部能上能下规定》明确规定，"品行不端，行为失范，违背社会公德、职业道德、家庭美德，造成不良影响的"，"被认定为不适宜担任现职，应当及时予以调整"。

这进一步明示年轻干部，要过"品行关"，必须按照社会公德、职业道德、家庭美德、个人品德的要求去做，否则，就可能被"调整"。

比如，社会公德规范要求公民要遵纪守法。遵纪守法重在严格执行法纪的要求。如果有悖这些要求，不仅过不了"品行关"，还会走上违法犯罪的道路。

某单位有个年轻干部，入职仅一年多，就利用职务便利，侵吞、骗取公款多达720余万元，最后被判处有期徒刑12年。

显而易见，这是违法犯罪，这一行为最终受到了法律的惩处。

（三）过"能力关"，要干出优良业绩

任何优良业绩都是干出来的，不干，半点优良业绩都不会有。年轻干部要干出优良业绩，离不开执行党的路线方针政策，离不开执行上级的工作部署，离不开执行组织上制订的工作计划，否则，就会"盲人骑瞎马，夜半临深池"。所以，年轻干部要过"能力关"，执行力是关键。

年龄刚刚30岁的黄文秀之所以能干出让人民满意的优良业绩，就是因为她不折不扣地执行党的精准扶贫政策。

黄文秀是广西壮族自治区百色市田阳区巴别乡德爱村多柳屯人。2016年，她从北京师范大学研究生毕业之后回到家乡，成为百色市委宣传部的一名干部。

2018年3月，黄文秀以百色市委宣传部副科长的身份，派驻乐业县新化镇百坭村任驻村第一书记。

为了落实执行党的精准扶贫政策，黄文秀绘制了百坭村"贫困户分布图"，她把每一户的住址、家庭情况都记得一清二楚。

为了解决百坭村产业缺乏的问题，黄文秀带领村干部和群众立足当地的资源条件，大力发展杉木、砂糖橘、八角、枇杷等特色产业。

为了打开百坭村产品的销售渠道，黄文秀带着全村发展电商。2018年，百坭村仅砂糖橘在电商渠道销售就达20000多公斤，销售额22万元。

"百坭村驻村工作队员黄韦程记不清黄文秀在村里熬了多少夜。

'她一直提醒我们，要时刻把群众的困难放在心里，把工作做在前面。'"①

2019年6月17日凌晨，黄文秀从百色返回乐业途中遭遇山洪因公殉职。

2019年6月，习近平总书记对黄文秀同志先进事迹作出重要指示。指示说："黄文秀同志研究生毕业后，放弃大城市的工作机会，毅然回到家乡，在脱贫攻坚第一线倾情投入、奉献自我，用美好青春诠释了共产党人的初心使命，谱写了新时代的青春之歌。广大党员干部和青年同志要以黄文秀同志为榜样，不忘初心、牢记使命，勇于担当、甘于奉献，在新时代的长征路上做出新的更大贡献。"②

2019年7月1日，中国共产党中央委员会宣传部追授黄文秀"时代楷模"称号。2021年6月29日，在中国共产党诞生100周年之际，中共中央授予黄文秀"七一勋章"，这是党内的最高荣誉。

（四）过"作风关"，要执行中央八项规定

"加强作风考察，深入了解为民服务、求真务实、勤勉敬业、敢于担当、奋发有为，遵守中央八项规定精神，反对形式主义、官僚主义、享乐主义和奢靡之风等情况。"这是《党政领导干部选拔任用工

---

① 徐海涛、何伟、屈辰：《坚定的初心 闪光的青春——追忆广西乐业县驻村第一书记黄文秀》，新华网2019年6月24日。
② 《习近平对黄文秀同志先进事迹作出重要指示强调 不忘初心牢记使命勇于担当甘于奉献 在新时代的长征路上做出新的更大贡献》，《人民日报》2019年7月2日。

作条例》规定的对领导干部作风考察的内容。

2022年9月8日，中共中央办公厅印发的《推进领导干部能上能下规定》明确规定，"作风不严不实，执行中央八项规定精神不严格，形式主义、官僚主义问题突出，造成不良影响的"，"被认定为不适宜担任现职，应当及时予以调整"。

由此可见，领导干部要过"作风关"，必须执行中央八项规定。

2012年12月4日，习近平总书记主持召开了中共中央政治局会议，会议审议通过了中共中央政治局关于改进工作作风、密切联系群众的八项规定，主要内容如下：

1.要改进调查研究，到基层调研要深入了解真实情况，总结经验、研究问题、解决困难、指导工作，向群众学习、向实践学习，多同群众座谈，多同干部谈心，多商量讨论，多解剖典型，多到困难和矛盾集中、群众意见多的地方去，切忌走过场、搞形式主义；要轻车简从、减少陪同、简化接待，不张贴悬挂标语横幅，不安排群众迎送，不铺设迎宾地毯，不摆放花草，不安排宴请。

2.要精简会议活动，切实改进会风，严格控制以中央名义召开的各类全国性会议和举行的重大活动，不开泛泛部署工作和提要求的会，未经中央批准一律不出席各类剪彩、奠基活动和庆祝会、纪念会、表彰会、博览会、研讨会及各类论坛；提高会议实效，开短会、讲短话，力戒空话、套话。

3.要精简文件简报，切实改进文风，没有实质内容、可
发可不发的文件、简报一律不发。

4.要规范出访活动，从外交工作大局需要出发合理安排
出访活动，严格控制出访随行人员，严格按照规定乘坐交通
工具，一般不安排中资机构、华侨华人、留学生代表等到机
场迎送。

5.要改进警卫工作，坚持有利于联系群众的原则，减少
交通管制，一般情况下不得封路、不清场闭馆。

6.要改进新闻报道，中央政治局同志出席会议和活动应
根据工作需要、新闻价值、社会效果决定是否报道，进一步
压缩报道的数量、字数、时长。

7.要严格文稿发表，除中央统一安排外，个人不公开出
版著作、讲话单行本，不发贺信、贺电，不题词、题字。

8.要厉行勤俭节约，严格遵守廉洁从政有关规定，严格
执行住房、车辆配备等有关工作和生活待遇的规定。

中央八项规定虽然是针对中共中央政治局的领导同志，但对党的
各级干部改进工作作风产生了实质性的传递效应。它书写了干部作
风建设的新篇章。如今，中央八项规定已经成了干部作风建设的代
名词。

中央八项规定颁布之后，因违反中央八项规定精神而受到处理的
干部不少。

2022年11月27日，中央纪委国家监委公布了2022年10月全国查处违反中央八项规定精神问题汇总情况。2022年10月，全国共查处违反中央八项规定精神问题7558起，批评教育帮助和处理11050人，其中，党纪政务处分7541人。

这是中央纪委国家监委连续第110个月公布的月报数据。

这些干部之所以被查处，都是因为没有执行中央八项规定，这些干部自然过不了"作风关"，有的甚至会被"调整"。

习近平总书记在党的二十大报告中强调，要"锲而不舍落实中央八项规定精神，抓住'关键少数'以上率下，持续深化纠治'四风'，重点纠治形式主义、官僚主义，坚决破除特权思想和特权行为"①。这是对党的作风建设提出了进一步的要求，年轻干部当牢记，以严的基调强化正风肃纪。

（五）过"廉洁关"，要严格廉洁自律

"强化廉政情况考察，深入了解遵守廉洁自律有关规定，保持高尚情操和健康情趣，慎独慎微，秉公用权，清正廉洁，不谋私利，严格要求亲属和身边工作人员等情况。"这是《党政领导干部选拔任用工作条例》规定的对领导干部过"廉洁关"的考察内容。

2022年9月8日，中共中央办公厅印发的《推进领导干部能上能

① 习近平：《高举中国特色社会主义伟大旗帜 为全面建设社会主义现代化国家而团结奋斗——在中国共产党第二十次全国代表大会上的报告》，人民出版社2022年版，第68页。

下规定》明确规定，"因存在配偶、子女移居国（境）外，配偶、子女及其配偶经商办企业等情况，按照有关规定需要组织调整的"，"被认定为不适宜担任现职，应当及时予以调整"。

年轻干部要过"廉洁关"，必须严格执行党的廉洁纪律的有关规定，并且自觉遵守《中国共产党廉洁自律准则》。

自2016年1月1日起施行的《中国共产党廉洁自律准则》，对党员和各级党员领导干部的廉洁自律作出了以下规定：

党员廉洁自律规范

第一条 坚持公私分明，先公后私，克己奉公。

第二条 坚持崇廉拒腐，清白做人，干净做事。

第三条 坚持尚俭戒奢，艰苦朴素，勤俭节约。

第四条 坚持吃苦在前，享受在后，甘于奉献。

党员领导干部廉洁自律规范

第五条 廉洁从政，自觉保持人民公仆本色。

第六条 廉洁用权，自觉维护人民根本利益。

第七条 廉洁修身，自觉提升思想道德境界。

第八条 廉洁齐家，自觉带头树立良好家风。

党员必须了解前四条规定，并坚决执行；党员领导干部则要了解前后八条规定，并坚决执行。

分析近些年来落马的年轻干部走上犯罪道路的原因，多是没有过"廉洁关"。

湖南省汝城县环保局原党组成员、副局长朱芳云，"利用职务之便，先后三次收受供货商提供的'好处费'，共计32万元。而这些钱大部分被她用来购买香奈儿、巴宝莉等奢侈品牌皮草，迪奥、LV等名包，以及高档化妆品"①。

"2016年4月，朱芳云被开除党籍、开除公职。2016年6月，她被判处有期徒刑三年，并处罚金人民币20万元。"②

安徽省滁州市不动产登记中心的工作人员张雨杰的工作是负责在政务服务中心大厅窗口接待市民，收取买房托管资金、填写托管协议、开具银行存款凭证和资金托管凭证。经调查，他在2016年到2019年三年时间里，采取收款不入账、伪造收款事实等方式，陆续侵吞公款竟达6900多万元。

张雨杰热衷于玩网络游戏，他花5万多元买了一张全球限量的"青眼白龙"游戏卡。他用公款不断充值购买顶级装备，登上了一款网游某赛区的排行榜榜首，这让他很有成就感。在虚拟世界用钱买到的成就感，让张雨杰很沉醉。于是，他从线上发展到线下，用贪污的公款在现实世界里满足自己的各种奢侈欲望。

---

① 刘平、邓坤：《迷恋奢侈品，爱美局长丢了丑——汝城县环保局原副局长朱芳云严重违纪问题剖析》，《中国纪检监察报》2016年10月20日。
② 刘平、邓坤：《迷恋奢侈品，爱美局长丢了丑——汝城县环保局原副局长朱芳云严重违纪问题剖析》，《中国纪检监察报》2016年10月20日。

他带女友去海南旅游，住的是10万元一晚的豪华海底套房，而且一住就是四个晚上。另据媒体报道，在张雨杰用贪污款购买的大量"奢侈品"中，不仅有GUCCI手表等物品，还有一般人想不到的镀金镶钻PS4手柄、《战神4》限定版PS4 Pro主机，等等。根据公开信息，镀金镶钻PS4手柄豪华版售价约14000美元，《战神4》限定版PS4 Pro主机售价约400美元。

2020年11月，1995年出生的张雨杰被判处无期徒刑。

此案例教训深刻，年轻干部当引以为戒。

二、组织上认同的一个重要砝码

年轻干部要在职场上顺利发展，在仕途上不断进步，是需要组织上认同的。虽然组织上认同的标准是多元的，但执行力是一个重要的砝码。

（一）领导欣赏不推托、努力完成任务的人

工作任务的完成是需要实实在在的执行力的。美国陆军四星上将、第二次世界大战中著名的美国军事统帅乔治·巴顿在他所著的《我所知道的战争——巴顿回忆录》一书中，曾经描述过这样一个细节：

　　我要提拔人时常常把所有的候选人排到一起，向他们提一个我想要他们解决的问题。我说："伙计们，我要在仓库后面挖一条战壕，八英尺长，三英尺宽，六英寸深。"我就告诉他们那么多。我有一个带后窗户的仓库。候选人正在检查工具时，我走进仓库，通过窗户观察他们。

　　我看到伙计们把锹和镐都放到仓库后面的地上。他们休息几分钟后开始议论我为什么要他们挖这么浅的战壕。他们有的说六英寸还不够当火炮掩体。其他人争论说，这样的战壕太热或太冷。如果伙计们是军官，他们会抱怨他们不该干挖战壕这么普通的体力劳动。最后，有个伙计对别人下命令："让我们把战壕挖好后离开这里吧，那个老畜生想用战壕干什么都没关系。"

　　最后，巴顿写道："那个伙计得到了提拔，我必须挑选不找任何借口完成任务的人。"

　　巴顿的故事告诉我们，"不找任何借口完成任务的人"，是上级领导喜欢、欣赏、重视而愿意重用的人。

（二）群众喜欢说到做到、能兑现承诺的干部

　　密切联系群众是年轻干部的一项基本功，这项基本功是否扎实有效，很大程度上取决于执行力，因为群众喜欢那些说到做到、能兑现承诺的干部。

1966年2月，焦裕禄去世两年后迁坟，10万兰考百姓自发地前来为他送行。即使是焦裕禄去世已经近60年的今天，兰考的百姓依然怀念着他、热爱着他。有的群众心里有难解开的疙瘩，会带上一瓶酒，到焦裕禄的墓前跟他们的焦书记唠叨唠叨；有的群众困难问题解决了，会捧着一束鲜花，到焦裕禄的墓前跟他们的焦书记汇报汇报；逢年过节，兰考的百姓会不约而同地前往焦裕禄的墓地祭奠他。

焦裕禄说："我们不是人民的上司，我们都是人民的勤务员，必须和群众同甘苦、共患难。""共产党员应该在群众最困难的时候，出现在群众面前，在群众需要帮助的时候，去关心群众，帮助群众。"他做到了。

1963年12月11日，焦裕禄访贫问苦来到社员张传德的家。在张传德家，焦裕禄看到张传德的爱人抱着一个面色青紫、骨瘦如柴的小男孩在默默流泪。焦裕禄经过询问得知，孩子患了重病，无法医治，张传德准备把他抱到村外扔了。

焦裕禄抱过孩子，用手摸摸孩子的胸口，感觉孩子的小心脏还在微微跳动；他又用手触摸孩子的口鼻，隐约感到一丝若有若无的热气。

焦裕禄对张传德夫妻说："孩子还活着，不能扔！只要还有一点希望，就得想法子把他救过来！"

说着，焦裕禄掏出一个小本子，在上面给县医院高芳轩院长写了几句话，请高芳轩院长千方百计也要把孩子给治好。写完，他撕下那张纸，让张传德拿着那张纸送孩子去医院找高院长。

张传德不相信凭着这张纸，县医院的院长就能给自己的孩子治病。焦裕禄见张传德心里不踏实，就拉着他来到大队部，用摇把子电话跟县医院高院长通话，要求他全力抢救这个病儿。

从焦裕禄跟高芳轩院长的通话中，张传德搞清楚了，这个写纸条的人是县委书记。他赶紧跟爱人一起，抱着孩子奔向县医院。经抢救，孩子转危为安。

焦裕禄一直惦记着这孩子，下乡回到县城，他三次去医院看望，并叮嘱医生一定要把孩子的病给治好。25天后，孩子病愈出院，焦裕禄为孩子付了医药费。

这个被救活的孩子原名叫张徐州，为感谢焦裕禄的救命之恩，焦裕禄去世之后，张传德为儿子改名张继焦，要儿子继承焦裕禄的遗志，发扬焦裕禄的精神。

张传德的孩子生病了，而且危在旦夕，焦裕禄跟张传德一样，心急如焚。他想方设法抢救这个病儿，终于使这个重病的孩子转危为安。

一个人民勤务员的形象跃然纸上。他做到了"在群众最困难的时候，出现在群众面前，在群众需要帮助的时候，去关心群众，帮助群众。"

（三）组织上信任埋头苦干、勤勉敬业的干部

埋头苦干，是一心一意地勤奋工作；勤勉敬业，是做事尽力，不偷懒，专心致力于所从事的工作。

从其释义可见，埋头苦干、勤勉敬业，也是具有执行力的一种重要表现。具有执行力的干部，没有谁不是埋头苦干、勤勉敬业的。而

组织上对埋头苦干、勤勉敬业的干部是充分信任的。孔繁森就是组织上充分信任的干部。

1979年，中央决定从内地抽调一批干部到西藏工作。时任聊城地委宣传部副部长的孔繁森得知消息后，主动报了名。随后，他告别了年近80岁的母亲，告别了体弱多病的妻子，告别了三个年幼的孩子，毅然踏上了去西藏的征途。

在西藏，他担任了岗巴县委副书记。岗巴县地处边境，平均海拔4700米以上，交通不便，工作生活条件非常艰苦。在岗巴县的三年时间里，孔繁森跑遍了全县的所有乡村牧区，与岗巴县的群众结下了深厚的友谊。1981年，当他奉调离开岗巴县返回山东时，藏族同胞含着热泪为他送行。

1988年，此时，孔繁森已经担任了聊城地区行署副专员。然而，又一个严峻的考验摆在了他的面前。

这一年，中央组织部要求山东省选派两名政治上过得硬、有领导工作经验、能适应西藏工作的厅局级干部到西藏工作。同时，要求山东省确定一名素质高的同志带队。于是，孔繁森便成了合适的人选。

二次进藏后，孔繁森担任拉萨市副市长，分管文教、卫生和民政工作。任职期间，他跑遍了全市八个县区的所有公办学校和一半以上乡办、村办小学，为发展少数民族教育事业殚精竭虑。

1992年底，西藏自治区党委组织部任命孔繁森担任阿里地委书记。此时，他调藏工作的期限已经快满了。

对于延长在西藏工作的时间，孔繁森没有提任何要求。他只是说："我服从组织决定。"

显而易见，组织上是充分信任孔繁森的。否则，他不会成为二次进藏的合适人选，也不会在他调藏工作的期限快满之时任命他为阿里地委书记。

孔繁森为什么能获得组织上的充分信任？一个重要的因素就是他埋头苦干、勤勉敬业。他在担任拉萨市副市长期间，跑遍了全市八个县区的所有公办学校和一半以上乡办、村办小学。而且，他密切联系人民群众，在群众需要帮助的时候，他总是挺身而出。

孔繁森早年在部队医院当过兵，懂得一些医术。来西藏工作后，他看到当地缺医少药现象非常严重，就准备了一个小药箱，买上一些常用药，为农牧民看病治病。到阿里工作后，这个小药箱又随他到了阿里。

他下乡所到之处，总是有着这样的情景：在草地上、在帐篷里、在羊圈旁，孔繁森席地而坐，他的身边簇拥着一大帮等着看病取药的群众。

一次，有位70多岁的藏族老人肺病发作，浓痰堵塞了咽喉，生命垂危。当时，没有其他医疗器械可用，孔繁森就将听诊器的胶管拔下来、伸进老人嘴里，然后对着胶管用嘴将痰一口一口地吸出来，然后又为老人打针，让其服药，直到老人转危为安，他才放心地离去。为此，他深受群众的爱戴。

1994年11月29日，孔繁森在去新疆塔城考察边贸工作，完成任务返回阿里的途中，不幸遭遇车祸，以身殉职。

噩耗传到阿里，传到拉萨，传到山东，知道他的人都悲痛欲绝：苍天无情，为什么要夺去我们的好书记孔繁森的生命？

三、年轻干部的执行力彰显诚信

唐代著名诗人李白所写的《侠客行》中有这样的诗句："三杯吐然诺，五岳倒为轻。"李白是用这两句诗来形容诚信的分量比五岳还重。

诚信的分量为什么比五岳还重？答案是多元的，就执行力来讲，诚信决定执行力。诚信的人说话算数，答应了就会去做，做就做好，这些都是执行力强的表现。

一个有着诚信品质的年轻干部才能得到领导的赏识和信任，才能受到人民群众的信赖和追随。

（一）人先信而后求能

西汉刘安的《淮南子·说林训》中有言："马先驯而后求良，人先信而后求能。"意思是说，看马应当先看能否驯服，然后看它是否优良；人应当先看是否讲诚信，然后再论及他的本领如何。

诚信是相互合作的基础。在现代化社会，人与人之间的合作是必需的。合作需要有基础，诚信就是一个重要的基础。合作中如果有一方不遵守诚信，合作就无法继续下去。

就执行力来讲，如果上级领导部署了工作任务，下属满口答应，但下属答应之后就没有了下文，这样的下属，上级领导还会给他"合作"的机会吗？答案不言自明。

诚信是人生旅途的伴侣。一个人在人生的旅途中，有许多东西伴随着他，如美貌、金钱、虚伪、诚信、名誉、地位等。

如果你想获得一时之快乐，你可以选择美貌、金钱、名誉；如果你想获得终生之快乐，你应该抛弃虚伪、欺诈，选择诚信，应该将诚信作为你人生旅途中的贴身伴侣。

虽然诚信有时会给你带来暂时的痛苦与物质上的损失，但它最终会给你带来永久的快乐与丰厚的财富。

人生是一场有始有终的长途旅行，它的珍贵就在于它的不可逆转。在人生的旅途中，我们需要荣誉，因为它能为我们带来耀眼的光环。与诚信相比，荣誉对我们来说显然并不重要。因为荣誉只能光耀一时，不能光耀一世；它只能给我们带来一时之欢乐，不能为我们带来一生之愉悦。而诚信，才是我们心灵中最珍贵的东西。

年轻干部如果失去诚信，会上信誓旦旦，会后把信誓置于脑后，即使他在良心上不受谴责，他的事业也定会受影响。因为领导、组织上不会相信这样的人能担当重任、大任，人民群众也不会支持他、拥戴他，所谓"人无诚信不立"即是。

（二）兑现自己的承诺

人总是有承诺的，年轻干部也不例外。作为共产党员的年轻干部，入党誓词就是自己对党组织的承诺："我志愿加入中国共产党，拥护党的纲领，遵守党的章程，履行党员义务，执行党的决定，严守党的纪律，保守党的秘密，对党忠诚，积极工作，为共产主义奋斗终身，随时准备为党和人民牺牲一切，永不叛党。"

作为公务员的年轻干部，《中华人民共和国公务员法》规定的公务员应当履行的义务，就是公务员对政府组织和人民的承诺：

（一）忠于宪法，模范遵守、自觉维护宪法和法律，自觉接受中国共产党领导；

（二）忠于国家，维护国家的安全、荣誉和利益；

（三）忠于人民，全心全意为人民服务，接受人民监督；

（四）忠于职守，勤勉尽责，服从和执行上级依法作出的决定和命令，按照规定的权限和程序履行职责，努力提高工作质量和效率；

（五）保守国家秘密和工作秘密；

（六）带头践行社会主义核心价值观，坚守法治，遵守纪律，恪守职业道德，模范遵守社会公德、家庭美德；

（七）清正廉洁，公道正派；

（八）法律规定的其他义务。

承诺是要兑现的。兑现的方式就是严格按照承诺的内容去执行其要求，在执行中彰显出诚信精神。事实上，诚信与执行力是互为因果的。诚信决定执行力，而执行力又会影响诚信。

（三）把信送给加西亚

《把信送给加西亚》是美国著名出版家和作家阿尔伯特·哈伯德的作品。在这部作品中，阿尔伯特·哈伯德讲述了一个传奇故事：

在19世纪的美西战争中，美国总统麦金莱急需把一封具有战略意义的书信，送到古巴盟军将领加西亚的手中。此时，加西亚正在丛林中作战，没有人知道他在什么地方。

上级把送信的任务交给了安德鲁·罗文中尉，要求他必须把信送给加西亚，而且告诉他，没有人会给他提供帮助。安德鲁·罗文中尉接受了任务，而且出色地完成了送信的任务。尽管送信的途中困难重重，险象环生，但安德鲁·罗文没有任何退缩，他竭尽全力、想方设法把信送给了加西亚。

现实中，像安德鲁·罗文中尉这样的执行者是深受领导者和管理者欢迎并喜爱的，也是深受人民群众爱戴的。他们在工作任务面前，不问为什么要我做，而只想怎么做；他们在重重困难面前，不提任何条件，而只想怎样克服困难完成任务。焦裕禄就是这样的执行者。

1962年，正是兰考遭受连续三年自然灾害最严重的一年。风沙打毁了21.4万亩麦子，秋天的涝灾又淹死了30多万亩庄稼，盐碱地碱毁了10万亩青苗，灾民就有19万多人。成群结队的兰考农民扒火车外出巡荒要饭。有人写了打油诗《十二愁》，即吃也愁，穿也愁，住也愁，烧也愁，前也愁，后也愁，黑也愁，白也愁，进门愁，出门愁，愁来愁去没有头。

　　焦裕禄临危受命。他当即向组织立下誓言："感谢党把我派到最困难的地方，越是困难的地方，越能锻炼人。拼上老命，大干一场，决心改变兰考面貌。"

　　焦裕禄兑现了他的承诺。焦裕禄一到兰考，就带领兰考的党员干部、人民群众投入治理风沙、内涝、盐碱这"三害"的斗争中。

　　为了治理风沙，每逢狂风大作时，焦裕禄都会和调查人员一起顶着漫天的风沙，去察看风口，去探寻流沙的根源。为了治理水害，每逢狂风暴雨到来之时，焦裕禄都会带领调查人员头顶瓢泼大雨，足涉激流险滩，一乡、一村、一沟、一坎地去察看洪水的流向和变化情况，从中探索洪水形成的规律，以便掌握它，制服它。为了治理盐碱，不论寒冬还是酷暑，焦裕禄经常在白花花的盐碱地上奔波。

　　当时的兰考，有149个生产大队，焦裕禄在兰考的时间虽然只有475天，但他骑着一辆自行车走访调研了全县120多个生产大队，查清了全县大小风口84个、沙丘1600个，逐个进行编号、绘图，测得沙荒地24万亩，受风沙危害耕地30万亩，行程5000余里。在兰考老百姓的眼里，焦裕禄不是书记，不是官，而是他们的贴心人、知心朋友。

　　焦裕禄兑现了自己"拼上老命，大干一场，决心改变兰考面貌"的承诺，他带领县委一班人凝聚群众智慧找到了治理风沙、内涝、盐碱"三害"的办法，当年他亲手栽下的那棵小泡桐树如今已经长成三人合抱的参天大树，被乡亲们亲切地称为"焦桐"。

　　年轻干部应该向焦裕禄学习，在执行中，竭尽全力，排除万难，完成制定的目标。

执行不力主要原因分析

虽然组织上强调年轻干部要有执行力，但执行不力的问题在年轻干部队伍中还没有从根本上得到解决，这严重影响了党的路线方针政策的落实执行，影响了所在工作单位、所在机关部门工作任务的有效完成。

　　为什么执行不力？概括说来，要不要执行，是认识问题；会不会执行，是方法问题；敢不敢执行，关涉利益问题；能否坚持执行，关涉制度机制问题。

一、执行意识不强，任务束之高阁

　　所谓执行意识，就是执行的观念深入人的内心，并外化为自觉的行动。

　　在执行的过程中，一些年轻干部缺乏落实、执行意识，主要表现在以下几个方面。

（一）只重形式，不管实效

唯物辩证法认为，内容与形式是辩证的统一。人们做任何事情，都要有一定的形式，但形式只能为内容服务，而不能置内容于不顾，为形式而形式。如果不管内容，只讲形式，那就是形式主义。

所谓形式主义，就是处处只讲表面的形式，不讲事情的实际，不讲实际内容、实际效果和实际意义。

执行中的形式主义，就是搞花拳绣腿，做表面文章，而不采取有效措施把政策要求、规章制度、工作任务落实、执行到位。

一些人热衷于搞"达标活动"，表面上看是轰轰烈烈、热热闹闹，实际上并没有解决什么根本性的问题。

比如，甘肃省委原书记王三运在督查调研祁连山生态保护工作时，每到一地都反复强调环保问题的极端重要性，提起要求来"口号响当当"，但就是没有下文。表面上，王三运摆足了姿态，其实对中央的指示消极应付，并没有真正到问题严重的地区去调查研究，也没有认真督促相关部门抓好整改落实，更没有对相关领导干部进行严肃问责。

这是典型的只重形式，不管实效。口号喊得震天响，落实执行没有下文。

（二）相互推诿，不负其责

扯皮，扯皮，扯皮，无休无止。多少事，从不急；你推我，我推你。一份公文到处传，像个皮球来回踢。或当"研究员"，研究研究成惯例；或当"老推事"，能推就推不迟疑；或当"好拳师"，不慌不忙打"太极"；或当"收发室"，来文照转省力气。一万年，不太急，何必争朝夕。

这首《扯皮谣》形象地描述了在执行过程中一些执行主体相互推诿、不负其责的现象。

在实际工作中要旗帜鲜明地使用那些为了事业的发展勇于负责、敢担风险、不计个人得失的干部；坚决不用那些遇事推诿、斤斤计较个人得失的人。

（三）言之凿凿，行动敷衍

有的年轻干部表态时，言之凿凿，而真正行动时，敷衍搪塞。有表态，没下文，调子飙得很高，就是落不了地。

表态，表明的是执行的决心和态度，但"表态"之后需要有真实的"表现"，没有真实的"表现"，言之凿凿的"表态"就是一种忽悠人的"表演"。

二、理解认识偏差，执行变形走样

不管是执行政策，还是执行规章制度，抑或是执行工作任务，执行者都需要对执行客体有准确无误的理解。如果理解不正确，认识有偏差，就会导致执行变形走样。这里所说的执行客体，指执行的政策策略、制度规则、工作任务等。这种情况主要有以下几方面的原因。

（一）执行主体理解能力差

一个合格的执行主体，必须具有较高的政治思想水平，具有合理的知识结构，能够对执行客体进行精准的理解、准确的把握。如果执行主体对执行客体理解不到位、把握不准确，执行过程中就会变形走样。

现实中，经常有群众反映，党和国家的政策都被一些"歪嘴和尚"念歪了。实事求是地讲，这种"念歪"绝大多数是政策执行主体素质不高所导致的，而非有意"念歪"。写到这里，请大家看看发生在新冠疫情期间的一件事情：

2020年2月2日，大理市卫生健康局给顺丰物流发了一个《应急处置征用通知书》，把顺丰物流从云南省瑞丽市发往重庆市的九件口罩，给"依法实施应急征用"了。

《应急处置征用通知书》（大市卫征〔2016〕1-61号）内容如下：

由于当前新型冠状病毒感染的肺炎疫情防控形势严峻，我市已处于重大突发公共卫生事件一级响应状态，全市疫情防控物资极度紧缺。为切实加强疫情防控工作，根据《中华人民共和国突发事件应对法》《中华人民共和国传染病防治法》和《云南省突发事件应急征用与补偿办法》（云政办发〔2016〕137号）的规定，经大理市人民政府研究，决定对你（单位）由顺丰物流从云南省瑞丽市发往重庆市的9件口罩（详见附件），依法实施应急征用。

根据《云南省突发事件应急征用与补偿办法》（云政办发〔2016〕137号）第十八条的规定，你（单位）应当在收到补偿通知之日起1年内，向我局书面提出应急补偿申请；逾期未提出补偿申请且无正当理由的，视同放弃受偿权利。应急补偿申请中应提交的资料包括：应急处置征用通知书、征用财产清单、财产归还情况、财产毁损或灭失情况、补偿金额及计算依据、投保及理赔情况、征用单位要求提供的其他材料。

附：大理市应急征用物资（清单）凭证。

落款为大理市卫生健康局，并加盖了公章。①

大理市征用的这批由顺丰物流从云南省瑞丽市发往重庆市的9件

---

① 《重庆官方采购口罩，被大理"截"了》，新浪网2020年2月6日。

口罩是重庆市政府指定企业采购用于重庆市疫情防控的598箱口罩，共计30万个。

2020年2月5日新华网发的一篇文章及云南省对大理的通报批评并责令归还，证实了这件事。大理不仅"征用"了重庆市政府的医用口罩，还"征用"了慈溪的一批医用口罩。

此事被披露后，引起公众的广泛关注，一度登上热搜，各大媒体也纷纷谴责。

针对云南大理"征用"口罩的问题，2020年2月24日，云南省纪委监委发布消息称，大理市违法扣押征用防疫口罩受到严肃查处。查处结果如下：

经查，大理市违法扣押征用防疫口罩问题属实，情节恶劣，性质严重，严重干扰了全国防疫工作大局，严重破坏了防疫工作纪律，严重损害了云南防疫工作形象，充分暴露出大理市委、市政府在紧要关头，无视政治纪律，漠视国家法律，本位主义严重，形式主义、官僚主义问题突出。

依据《中国共产党问责条例》《中国共产党纪律处分条例》等有关规定，决定对5个单位、8名责任人进行问责处理。①

先前，大理市也做出了对大理市卫生健康党工委书记、市卫生健康局局长杨某某给予免职处理，对大理市工信和科技局党组书记、局长方某给予政务记过处分的决定。

---

① 《云南省大理市违法扣押征用防疫口罩受到严肃查处》，人民网2020年2月24日。

对这件事情的处理，被处理的领导干部可能还觉得委屈：我们这也是为大理防疫着想啊，怎么被撤职、免职、诫勉问责？怎么成了过街老鼠？

他们为什么被问责，成了过街老鼠？原因很简单，就是他们没有正确地理解法规政策。

《中华人民共和国传染病防治法》规定："传染病暴发、流行时，根据传染病疫情控制的需要，国务院有权在全国范围或者跨省、自治区、直辖市范围内，县级以上地方人民政府有权在本行政区域内紧急调集人员或者调用储备物资，临时征用房屋、交通工具以及相关设施、设备。"

也就是说，大理市有权征用大理市内的物资，但是跨省、自治区、直辖市范围内的物资，大理市没有权力征用。用权不能任性。

（二）执行主体不善于思考

1962年5月，中共中央工作会议后，中央书记处决定从中央直属机关和国家机关抽调一批司局长以上干部下放到主要产粮区，加强地委、县委和基层的领导。这些干部临行前，刘少奇发表了《加强基层领导，改进工作作风》的重要讲话。

刘少奇在讲话中指出："中央的政策是一般的规定，到了各个地方，就要考虑各个地方的情况怎么样，局势怎么样，什么时候执行，经过什么过程执行，如何执行才能执行得好、执行得通。这里就需要动一番脑筋，脑子里头就要想一想。想一想，不是不执行，不是反抗，不是自己重新规定一套政策，而是使中央的政策在地方具体化，得到最好的执行。"[①]

刘少奇的这段讲话，深刻地说明了执行政策时善于思考的重要性。如果执行政策的主体不愿思考、不善思考，就不能"使中央的政策在地方具体化，得到最好的执行"。

执行政策是这样，执行各种规章制度、工作任务也是如此。在现实中，有的年轻干部不愿动脑思考问题，在执行中，只管闷头闷脑地干，甚至刻舟求剑，不管客观实际如何变化，虽然没少出力气，但执行结果不能尽如人意。

（三）执行主体品行不端

导致执行客体变形走样的另外一个原因，是执行主体品行不端。这种执行主体并非理解能力不强，也并非没有思考能力、不愿思考，而是品行不端。这种人理解能力很强，也很喜欢思考，但他们的理解是怎样使执行客体成为为自身或小集团谋利益的工具，尤其是在执行政策时，他们思考的是怎样钻政策的空子，打政策的擦边球，利用政策来为自己谋取私利。比如，打土地政策擦边球的问题。

2018年10月23日，《经济参考报》发表了一篇题为《打政策擦边球 农村违规占地出现"新变种"》的文章。文章披露了一些地方在执行土地政策的时候打擦边球。

---

① 《刘少奇选集》下卷，人民出版社1985年版，第456页。

怎么打擦边球？文章说，"大棚房"变身"私家庄园"。"大棚房"是当前一种较为典型的违规占地形态。一些开发商在不符合土地规划、未完成土地征用流程的情况下，直接在农用地大棚里搞非农建设，并包装成为"大棚别墅"或"私家农庄"，对外进行销售或租赁。

据了解，"大棚房"主要表现为三类形态：一是在农业园区或耕地上直接违法违规建设"私家庄园"，二是在农业大棚内违法违规建房，三是违规改扩建大棚看护房。原本用来种植瓜果蔬菜的农用大棚被"偷梁换柱"，装修出了具有居住、休闲功能的"类住宅"，有的大棚外地面也进行了硬化，并配套修建了亭台。有的大棚内部则直接改造成了住房，客厅、厨房、卧室等一应俱全。

如果不亲身走进这些"大棚房"，真是难以一窥其中的"奥妙"。《经济参考报》记者发现，不少"大棚房"建设具有一定的隐蔽性。这些大棚大多地处城镇郊区，地面上覆盖了一层覆膜，隐藏在其中的违法违章建筑有时很难通过卫星拍摄等监控方式发现。

文章还披露，除了"大棚房"，有的农村建设项目也在突破用地限制上搞"变通"。例如，有的修建所谓的"花卉展示屋"，其中保留一定的绿地、水塘，看起来好像没有改变土地用途；有的则是修建"木屋民宿"，如果被查处，也可以低成本拆除……这些都是规避监管的惯常做法。

从《经济参考报》的这篇报道来看，这些土地政策执行主体并非理解能力差、不喜欢思考。他们可能比一般人理解力更强、更喜欢思考，正因如此，他们才能找到打政策擦边球的方法。显而易见，是他们的品行有问题，才导致了土地政策执行在他们手里变形走样。

　　这是需要谴责和处理的。值得欣慰的是，"为落实最严格的耕地保护制度，遏制'大棚房'等问题的蔓延势头，国家有关部委和省市已开始对相关问题进行整治处理，对部分重点地区清理排查及查处整改情况开展实地抽查核实，同时对地方有关部门的不作为、乱作为行为严肃处理。违法建设'大棚房'的企业或个人，必须抓紧整改，立即拆除和复耕；拒不整改的，将从严从重查处，依法追究法律责任。"①

　　党和国家的政策，是推动经济社会发展的强大杠杆，是增进人民福祉的根本保证。变形变通的政策，干扰了政策的有效执行，并容易造成政治、经济和社会生活等方面的无序和混乱，必须坚决纠正将政策变形变通的行为。

三、组织纪律不严，执行变通变味

　　年轻干部在执行过程中，必须受到严格的组织纪律约束，按照组织纪律的要求一丝不苟地执行。否则，执行客体就可能变通变味。年

---

① 赵卓悦、李松、姜刚：《打政策擦边球 农村违规占地出现"新变种"》，《经济参考报》2018 年 10 月 23 日。

轻干部在实际执行过程中，因组织纪律不严，导致执行客体变通变味，主要表现在以下几个方面。

（一）选择性执行

所谓选择性执行，就是在执行的过程中，执行主体根据自身的利益所在、自身的价值取向，对执行客体的内容有选择地加以贯彻执行，有利于自己的就执行，不利于自己的就不执行。

中共沈阳市委原副书记、市政府原市长慕绥新在任时就常说："国家的法令、法规在我这里也得变通执行。我同意的执行，我不同意的就不能执行。"2001年10月10日，慕绥新因犯有受贿罪和巨额财产来源不明罪，大连市中级人民法院判处其死刑，缓期二年执行，剥夺政治权利终身。

这是典型的选择性执行。对执行客体各取所需，只执行自己所需要的，不需要的就不执行。就现实情况而言，选择性执行的问题不在少数，而且表现也是五花八门。

《中国纪检监察报》2019年1月18日报道："江西省抚州市人力资源社会保障局党组成员、副局长徐能华，市人社局原党组成员、医保局局长孔咏春等人于2018年11月28日被中央纪委通报曝光。在牵头负责制定和调整门诊统筹政策的过程中，徐能华、孔咏春等人从本部门利益出发，选择性执行上级文件要求，擅自取舍文件内容，导致意在减轻城乡居民特别是贫困人员门诊医疗费用负担的政策'红利'，在实际操作中反而给群众增添了不少负担。"

"湖南省益阳市委原副秘书长邓宗祥在2007年11月至2016年7月主政沅江市期间，选择性执行中央关于生态环境保护决策部署，接受私营企业主利益输送，纵容默许其非法修建矮围，在南洞庭湖腹地下塞湖从事非法捕捞养殖、盗采砂石等活动，给洞庭湖的生态环境造成了不可逆的严重破坏。"①

选择性执行会影响执行目标的实现。这主要反映在执行客体对执行主体和利益相关者的利益进行制约或形成威胁时，执行主体和利益相关者的选择性执行就会朝着有利于自己的方面偏移，从而对一些执行客体的要求视而不见、听而不闻，只执行有利于自己利益的要求，从而使执行客体不能全面实现其目标。

选择性执行会破坏执行生态。这种破坏不仅表现在提高执行成本上，还表现在会助长投机取巧的行为上。

执行是有成本的，如人、力、物等的成本，选择性执行，会导致执行目标不能实现，执行客体得不到有效回报。

（二）附加性执行

附加性执行，顾名思义，就是在执行的过程中，为维护自身的利益，附加了一些有利于自身的内容和功能。

2019年5月7日，《人民日报》刊发了吴储岐撰写的《基层治理

---

① 庄志阳、陈宝福、叶锦灿：《政令如山 岂容"选择"》，《中国纪检监察报》2019年1月18日。

创新莫跑偏》一文，文中列举了附加性执行的现象。

文章说："基层治理创新的初衷是为了解决基层治理存在的矛盾和难题，但少数地方动起了'小心思'，搞起了'土政策'，让党中央政策执行'走了形''变了样'。有的'设卡搭车'，要求贫困户在易地扶贫搬迁时必须缴纳'搬迁费''材料费'，否则无法领取补贴资金；有的出台'无检查周''下限执行处罚'，片面追求经济增长，为环境污染开绿灯；还有的玩起了'变身术'，通过签订融资、投资和重点项目建设工作目标责任状等形式，要求融资平台为政府融资，为违规举债披上'隐身衣'……种种'土政策'表现不尽相同，但都与党中央精神不符。在这些'土政策'始作俑者眼中，'合不合规'无足轻重，'管不管用'才至关重要，有的甚至还对自身的'智慧创造'洋洋自得。"

文章指出："看似是基层治理的'良方'，但若没有边界和规矩意识，任由跑偏变味的'土政策'泛滥，这样的'创新'可能变为基层矛盾激化的'导火索'。究其根源，'土政策'与'上有政策，下有对策'一脉相承，本质上属于权力任性。"①

吴储岐的这篇文章对附加性执行的现象、表现做了全景式的描述，并深刻地揭示了它的危害和本质属性。

---

① 吴储岐：《基层治理创新莫跑偏》，《人民日报》2019年5月7日。

（三）敷衍性执行

所谓敷衍性执行，就是对执行客体采取敷衍塞责的态度来应付。

2019年1月16日，《中国纪检监察报》发表了《从典型案例看形式主义官僚主义表现形式》一文，文章列举了一些典型案例，其中就有敷衍性执行政策的问题。

文章说："福建省莆田市海洋与渔业局局长陈国华在生态环境保护工作中行动少落实差，推一推，也不动一动。2017年7月以来，莆田市委、市政府多次召开会议部署保护生态环境、防治污染问题整改工作，并明确由市海洋与渔业局牵头整改违规养殖影响海洋生态环境问题。陈国华既没有及时组织传达、部署有关工作，也没有及时有效督促落实。2017年11月，该局推进这项工作不力被通报批评后，陈国华仍没有按要求拿出工作方案和具体措施，也未督促相关业务科室抓落实。2017年12月13日，上级有关部门进驻该市检查，次日该局才照搬照抄上级文件下发工作方案，且该方案没有细化目标、任务、时限和具体措施。陈国华受到政务警告处分。"①

再比如，国务院一再强调要严厉打击假冒伪劣产品，先后通过了《中华人民共和国消费者权益保护法》《中华人民共和国产品质量法》《中华人民共和国反不正当竞争法》以及《全国人民代表大会常务委员会关于惩治生产、销售伪劣商品犯罪的决定》等法规政策。可是有

------

① 王珍：《从典型案例看形式主义官僚主义表现形式》，《中国纪检监察报》2019年1月16日。

的政策执行主体为了自身的经济利益，对制售假冒伪劣的犯罪行为不闻不问，熟视无睹；有的政策执行主体认为打假会影响本地区本行业的经济发展，影响经济增长指标，对假冒伪劣产品网开一面。结果，相关政策得不到执行，致使假冒伪劣产品在一些地方泛滥成灾，严重影响了国民经济的健康有序发展。

（四）替换性执行

所谓替换性执行，是指当需要执行的内容与执行主体存在利益冲突时，执行主体就另外制定一种内容来替换，即"土政策"。这种政策表面上跟要执行的政策相一致，实际上完全相背离。"土政策"与"上有政策，下有对策"一脉相承，执行主体将政策改头换面，只执行自己制定的政策。

2019年2月27日，"半月谈"微信公众号刊发了一篇题为《"土政策"不能唱反调、变调、小调》的文章，文章不仅给"土政策"分了类，还列举了一些单位和部门的"土政策"问题。

文章说："去年，一家物流公司负责人对半月谈记者说，国务院相关文件明确规定逐步取消道路货运站场经营许可，交通部门已停止办理站场许可证。但有的行政执法部门说没有收到相关文件，依然要求办理站场许可证，没有办理的企业要受到处罚。该企业负责人认为，国家政策的大方向是简政放权，推动物流业降本增效。但有的部门仍以没有接到上面政策为借口，以内部文件来搪塞，或者选择性、打折扣执行，让企业叫苦不迭。

"前几年，华北某市委组织部宣布：全市科级干部超过53岁，副科级干部超过52岁的全部提前离岗休养，同时提高三级工资。全市共有62名科级干部被列入这一名单，其中还包括两名正值工作盛年的司法系统干部。这种做法的初衷或是为了促进干部年轻化，但由此滋生大量'吃空饷'现象，不能不令人担忧。"[①]

"土政策"在本质上是一种权力的任性，是政策执行中的"山头主义"。

四、执行机制欠缺，监督奖惩缺位

执行不力的另一个重要原因，是组织内部缺少有效的保证执行的制度机制。这主要表现在以下三个方面。

（一）执行的目标责任机制不健全

有效的执行机制，必须是任务到人，责任到人，主体责任明晰。正如邓小平所强调的："任何一项任务、一个建设项目，都要实行定任务、定人员、定数量、定质量、定时间等几定制度。"[②]但是，许多

---

① 白田田、周楠、白明山：《半月谈评论："土政策"不能唱反调、变调、小调》，新华网2019年2月28日。
② 《邓小平文选》第二卷，人民出版社1994年版，第151页。

地方和部门缺乏这种有效的执行机制。因此，他们在执行时布置工作责任不明确、不细化，不能到岗到人；干工作推诿扯皮，敷衍塞责，"甲让乙处理，乙叫丙合计，丙请丁斟酌，丁等甲审批"；检查工作走马观花，甚至是只部署、安排，不检查，干好干坏一个样，尤其是主体责任不明确。结果是要么都来管，要么都不管，九龙治水，谁也不治，政策执行成了一句空话。

习近平同志指出："有些地方、部门和单位存在工作推诿扯皮现象，与目标责任不明确、工作任务没细化有很大关系。要科学进行责任分解，把目标任务分解到部门、具体到项目、落实到岗位、量化到个人，以责任制促落实、以责任制保成效，形成一级抓一级、层层抓落实的工作局面。"[1]执行必须明确目标责任，尤其是执行主体的目标责任。

（二）执行的监督检查机制不完善

有的执行主体虽然安排了执行工作任务，也确定了执行工作目标，但是否完成，完成得怎么样，却没有人去检查，没有人去监督。有的执行主体只习惯于坐在办公室里进行"遥控"指挥，靠打电话、看材料、听汇报等进行抽象指导，而不深入基层去检查、监督，执行的人完全处于放任自流的状态。这都是监督检查机制不完善的表现。

实践证明，在执行的过程中，如果监督检查机制健全，会大大促

---

① 习近平：《关键在于落实》，《求是》2011年第6期。

进执行主体的有效执行。请看三湘风纪网2020年1月3日的这篇题为《芦淞区："过程监督"助推惠民政策落实落细》的报道。

报道说："2019年以来，株洲市芦淞区纪委监委聚焦漠视侵害群众利益问题，会同相关职能部门对城乡医保、特困供养、惠民资金管理使用、群众办事等民生领域开展专项治理，力保惠民政策措施落到实处。"他们的具体做法是：

"强化监督检查，打击欺诈骗保。区纪委监委牵头联合卫健、医保等部门印发《关于深化打击欺诈骗保专项整治行动的实施方案》，将'打击欺诈骗保'与开展民生领域突出问题专项整治工作结合起来，大力整治过度检查、过度用药、过度医疗问题。截至2019年12月，通过对病历的线上、线下审核，共发现并拒付违规费用合计326020元，约谈了中心医院等14家医疗机构，并对约谈医疗机构提出明确的整改要求及时限，有效维护了医保资金安全、稳定运行。

"压实主体责任，实现精准帮扶。区纪委监委压紧压实各职能部门主体责任，督促职能部门履职尽责。今年以来，该区对'特困、低保、重度残疾、优抚'四类人群参保实行'零缴费'，个人缴费由政府全额补助。'特困、低保、重度残疾、优抚、计生特扶人员'基本医疗大病保险起付线降低50%，政策范围内报销比例提高5%。基本医疗、大病保险和医疗救助实现'一站式'结算。

"深化以案促改，推进标本兼治。通过对查办的漠视侵害群众利益问题典型案例的通报，教育和引导各职能部门引以为戒、扎实整改，起到以案促改的效果。同时，区纪委监委开展明察暗访，通过现场交办、下发整改通知书和情况通报等方式，对存在问题的单位提出整改要求，督促其整改到位。2019年以来，该区共查处群众身边腐败和作风问题立案30件，党纪政务处分15人，其中，移送审查起诉5人，追缴资金103.44万元，退还群众资金83.44万元，使惠民政策真正落实到基层，切实增强群众获得感。"①

一般而言，完善的执行监督检查机制，应该坚守三个原则。一是有的放矢。监督制度的制定必须具有针对性，针对具体需要的政策来制定相关的监督制度，以免"隔靴搔痒"。二是便于操作。监督检查制度要有效实施，必须便于操作。既有量化的标准，又有明晰的奖惩条款。三是以案促改。监督检查的目的是发现问题，促进问题的解决，而不是仅仅走了监督检查的形式。

芦淞区纪委监委的监督检查经验很好地诠释了这几点。他们有针对性地印发了《关于深化打击欺诈骗保专项整治行动的实施方案》来"打击欺诈骗保"；他们将"特困、低保、重度残疾、优抚、计生特扶人员"基本医疗大病保险起付线降低50%，政策范围内报销比例提高5%，量化了标准；他们以案促改，"通过对查办的漠视侵害群众利益问题典型案例的通报，教育和引导各职能部门引以为戒、扎实整改，起到以案促改的效果"。

---

① 周心恺：《芦淞区："过程监督"助推惠民政策落实落细》，三湘风纪网2020年1月3日。

（三）执行的奖惩追责制度不兑现

执行中的奖惩追责制度，是保证执行的有效手段。如果缺乏这种机制，执行好的人，由于得不到褒奖，会挫伤他们执行的积极性；执行不好的人，由于没有受到惩处、追究，会助长他们执行的消极性。

执行不仅需要监督检查考核，还需要根据监督检查考核的结果制定严格的奖惩机制。

近些年来，精准扶贫政策之所以能够有效地被执行，其中有一个很重要的原因，就是执行政策的奖惩追责制度比较完善，而且能够及时兑现。如果我们查阅媒体报道，不时有因为执行精准扶贫政策不力被追究责任的事件。如2018年5月21日河南省纪委监委网站报道：

"近日，因精准扶贫工作不力，河南省扶沟县大新镇党委书记、镇长双双被降职为党委副书记和副镇长，镇扶贫副书记、镇纪委书记双双被免职。

"2018年4月21日—23日，周口市脱贫攻坚第三督查巡察组在大新镇陈楼行政村暗访调查时，发现市农发行驻陈楼工作队思想认识不足、重视程度不够、帮扶行动迟缓，帮扶队员入村入户少，帮扶成效不明显。此事反馈至大新镇党委政府之后，大新镇党委政府对此反应迟钝，行动迟缓，迟迟没有认真解决帮扶过程中出现的问题。5月2日，扶沟县委对相关人员分别作出了降职和免职的组织处理，要求大新镇党委政府针对问题、立即整改，并举一反三、查漏补缺。"①

　　执行精准扶贫政策是一项民心工程，是执行主体的政治责任，因此，各地方各部门都制定了较为完善的奖惩追责制度，任何敷衍塞责都必须被及时追责。也正是因为做到了这一点，精准扶贫政策得到了有效执行，惠及了亿万人民群众。

---

① 周口市纪委监察委：《扶沟县：精准扶贫工作不力4名科级干部被追责》，河南省纪委监委网站2018年5月21日。

强化政治执行力的方法

政治执行力，不是一般的工作能力，是领会政治意图，把党在政治上的各种要求贯彻执行到位，并达成政治目标的能力。

"政治执行力"这个概念是2020年12月24日至25日习近平总书记在中共十九届中央政治局民主生活会上的讲话中首次提出来的。他指出："我们党要始终做到不忘初心、牢记使命，把党和人民事业长长久久推进下去，必须增强政治意识，善于从政治上看问题，善于把握政治大局，不断提高政治判断力、政治领悟力、政治执行力。"

一、年轻干部要旗帜鲜明讲政治

"领导干部一定要讲政治"，是中国共产党对领导干部始终如一的要求。习近平总书记强调指出，选拔任用领导干部，"如果政治不合格，能耐再大也不能用。"[1]讲政治的重要性，由此可见一斑。

---

[1] 习近平：《在全国组织工作会议上的讲话》，人民出版社2018年版，第19页。

（一）政治标准居首位是党选任干部的传统

中国共产党选拔任用干部有多种标准，但排在首位的是政治标准。把政治标准放在首位，是中国共产党在干部选拔任用上始终坚持的标准条件，是中国共产党选任干部的传统，无论是在建党初期，还是在党的发展阶段，乃至在党壮大成熟的新时代，莫不如此。

1929年6月26日至30日，中国共产党六届二中全会在上海召开。这次会议就提出了要以"政治认识、纪律性及对工人阶级利益的牺牲性"为主要标准来选拔任用干部。

1937年5月8日，毛泽东在延安召开的中国共产党全国代表会议上的讲话中指出："指导伟大的革命，要有伟大的党，要有许多最好的干部。"[①]什么样的干部是最好的干部？毛泽东给出了答案。这就是，"懂得马克思列宁主义，有政治远见，有工作能力，富于牺牲精神，能独立解决问题，在困难中不动摇，忠心耿耿地为民族、为阶级、为党而工作"[②]。

"政治认识""懂得马克思列宁主义，有政治远见""忠心耿耿地为民族、为阶级、为党而工作"，等等，都是政治标准。

1940年11月，陈云在担任中共中央组织部部长期间，撰写了《关于干部工作的若干问题》的讲话提纲。他在这篇讲话提纲中，提出了当时选任干部的四条标准，主要包括：

---

① 《毛泽东选集》第一卷，人民出版社1991年版，第277页。
② 《毛泽东选集》第一卷，人民出版社1991年版，第277页。

第一，忠实于无产阶级事业，忠实于党。他说："忠实，讲得具体一点，就是革命利益高于一切，有为党慷慨牺牲个人一切的决心。"①

第二，与群众有密切联系。他说："共产党要处处依靠群众。先了解群众，帮助群众，群众才能帮助我们。"②

第三，能独立决定工作方向并负起责任。他说："必须能独立工作（因为是战争环境，中国又大）；在失去联系时能独立负责，但又不是拒绝上级领导。""能独立工作的条件是学习，理论联系实际。一个干部没有理论不行，只凭经验不够。要有进取心。态度不高慢。""忠于职守。拿得起，放得下。"③

第四，守纪律。他说："纪律是保证政治上组织上统一的武器。""责人易，责己难。向好的看齐，不是向坏的看齐。"④

他还总结说："总之，用干部的标准，概括起来有二：政治，能力。两者不能缺一，以政治为主。"⑤

陈云提出的选任干部的"四条标准"，就是以政治为主的，即便是第三条谈能力的标准，也包含有"忠于职守"这一政治的因素。

1980年12月25日，邓小平在中共中央工作会议上的讲话中指出："要在坚持社会主义道路的前提下，使我们的干部队伍年轻化、

---

① 《陈云文选》第一卷，人民出版社1995年版，第212页。
② 《陈云文选》第一卷，人民出版社1995年版，第213页。
③ 《陈云文选》第一卷，人民出版社1995年版，第213页。
④ 《陈云文选》第一卷，人民出版社1995年版，第213页。
⑤ 《陈云文选》第一卷，人民出版社1995年版，第213页。

知识化、专业化，并且要逐步制定完善的干部制度来加以保证。提出年轻化、知识化、专业化这三个条件，当然首先是要革命化，所以说要以坚持社会主义道路为前提。"①邓小平所强调的"革命化"，就是政治标准，而其具体要求，就是"要以坚持社会主义道路为前提"。

党的十八大以来，习近平总书记进一步强调选拔领导干部的政治标准问题。2018年7月3日，他在全国组织工作会议上的讲话中强调"把政治标准放在第一位"，并指出："政治上有问题的人，能力越强、职位越高，危害就越大。"②

2020年10月10日上午，中共中央党校（国家行政学院）秋季学期中青年干部培训班在中央党校开班。习近平总书记在讲话中强调："在干部干好工作所需的各种能力中，政治能力是第一位的。有了过硬的政治能力，才能做到自觉在思想上政治上行动上同党中央保持高度一致，在任何时候任何情况下都能'不畏浮云遮望眼'、'乱云飞渡仍从容'。"③

2018年7月3日，习近平总书记在全国组织工作会议上的讲话中强调："选什么样的人？就是要坚持好干部标准，把政治标准放在第一位。政治标准是硬杠杠。这一条不过关，其他都不过关。"④《党政领导干部选拔任用工作条例》第三条规定："选拔任用党政领导干部，

① 《邓小平文选》第二卷，人民出版社1994年版，第361页。
② 习近平：《在全国组织工作会议上的讲话》，人民出版社2018年版，第19页。
③ 《习近平在中央党校（国家行政学院）中青年干部培训班开班式上发表重要讲话强调年轻干部要提高解决实际问题能力 想干事能干事干成事》，《人民日报》2020年10月11日。
④ 习近平：《在全国组织工作会议上的讲话》，人民出版社2018年版，第19页。

必须把政治标准放在首位。"

（二）政治上靠得住的干部能赢得组织信任

所谓政治上靠得住，就是无论何时何地、在何种情况下，都能把讲政治放在首要的位置，始终坚定地站在党和人民的立场上，始终在政治立场、政治方向、政治路线、政治主张上同以习近平同志为核心的党中央保持高度一致。

党的十九届六中全会审议通过的《中共中央关于党的百年奋斗重大成就和历史经验的决议》指出："党确立习近平同志党中央的核心、全党的核心地位，确立习近平新时代中国特色社会主义思想的指导地位，反映了全党全军全国各族人民共同心愿，对新时代党和国家事业发展、对推进中华民族伟大复兴历史进程具有决定性意义。"增强"四个意识"，即增强政治意识、大局意识、核心意识、看齐意识。坚定"四个自信"，即坚定道路自信、理论自信、制度自信、文化自信。做到"两个维护"，即坚决维护习近平总书记党中央的核心、全党的核心地位，坚决维护党中央权威和集中统一领导。

党员干部要深刻领悟"两个确立"的决定性意义，增强"四个意识"、坚定"四个自信"、做到"两个维护"，不断提高政治判断力、政治领悟力、政治执行力，增强政治敏锐性、政治辨别力、政治洞察力，在实际工作中坚决贯彻落实以习近平同志为核心的党中央决策部署，牢记党的初心使命，听从党的号召，旗帜鲜明跟党走。

（三）组织上不会选任政治上靠不住的干部

实践证明，政治上有问题、靠不住的人，职位越高，能力越强，危害就越大。因此，组织上决不会选拔任用政治上靠不住的干部。当年，中共中央开除刘力功的党籍，就是因为他政治上靠不住。

1939年5月，延安发生了一件事情：中央党务委员会①决定开除刘力功党籍并通报全党。5月23日，时任中共中央组织部部长的陈云还为此专门写了一篇题为《为什么要开除刘力功的党籍》的文章。该文章发表在中国共产党中央委员会机关刊物《解放》杂志第73期上，组织部还专门组织延安各机关、学校围绕"为什么要开除刘力功的党籍"这一问题开展了一场大讨论。

刘力功是个什么样的人？陈云为什么要写这样一篇文章？组织部为什么要组织延安各机关、学校围绕"为什么要开除刘力功的党籍"这一问题展开大讨论？

刘力功是一个从国统区奔赴延安投身革命的知识青年。1938年，他在延安加入了中国共产党。作为党重点培养的对象，他先是在抗大学习，毕业后进入党的训练班，专门学习党的建设课程。

他从党的训练班毕业的时候，党组织根据他在学习过程中的表现，考虑到他是没有工作经验的新党员，决定让他到基层工作中去锻

---

① 中央党务委员会，是1933年8月8日中共中央决定设立的。决定说："为要防止党内有违反党章、破坏党纪、不遵守党的决议及官僚腐化等情弊发生，在党的中央监察委员会未正式成立以前，特设立中央党务委员会。"

炼。但刘力功拒绝执行党组织的决定，他坚持要进马列学院或回距离延安很远的原籍工作，否则就退党。

党组织为了教育他，先后七次跟他进行谈话。在第一次谈话中，他声明那个退出党的说法是错误的，但依然坚持不到基层工作。党组织认为，马列学院是党的比较高级的学校，不能接收像他这样思想意识有问题的人，而且派他回原籍工作，只是满足了他的离家近的愿望，对当地工作无益而有害。因此，党组织拒绝了他的要求。

在最后一次谈话的时候，"党组织告诉他：'个人服从组织'是党的纪律，要你到华北去做下层工作是党的决定，必须服从。可是他还是要求党接受他的意见，实际上是要'组织服从个人'。"①

七次谈话之后，党组织让他进行自我反省。刘力功反省了几天之后向党组织表示，可以到华北地区工作，但一定要到八路军总司令部工作。党组织没有同意他的意见，"他就干脆拒绝执行党的决定"②。

中央党务委员会认为，"党已尽了最大的努力，对刘力功进行说服教育工作。'个人服从组织，少数服从多数，下级服从上级，全党服从中央'是党的纪律，党的纪律不容任何人破坏。刘力功违犯了党的纪律，又不接受党的教育，改正自己的错误，因此，决定开除其党籍，并公布于全党。"③

刘力功为什么被开除党籍？上面这段话给出了明确的答案。刘力

---

① 《陈云文选》第一卷，人民出版社1995年版，第123页。
② 《陈云文选》第一卷，人民出版社1995年版，第124页。
③ 《陈云文选》第一卷，人民出版社1995年版，第124页。

功虽然在组织上入了党，但在思想上并没有入党，心中没有政治意识，没有大局意识，违反党的纪律。

　　刘力功的事情虽然发生在1939年，但时至今日，我们党内还有没有类似刘力功这样的人？在工作中对党的决定讨价还价，拒绝执行党的决议，违反党的纪律，在党的决议面前阳奉阴违。下面这段文字回答了这个问题。

　　"'天津市西青公证处主任田健男涉嫌严重违纪违法，目前正在接受纪律审查和监察调查''中信银行南昌分行副行长、党委委员姚蔚涉嫌严重违纪违法，目前正在接受纪律审查和监察调查''重庆市江津区永兴镇党委副书记、镇长韩勇涉嫌严重违纪违法，目前正接受纪律审查和监察调查'……日前，有媒体梳理发现，仅4月份就有多名'80后'官员落马。"①

　　这些"80后"官员之所以落马，一个共同的原因是"涉嫌严重违纪违法"。他们跟刘力功一样，心中没有政治意识，没有大局意识，不讲政治，政治上不达标。

---

① 　兰正雄：《严管厚爱年轻干部》,《中国纪检监察报》2018年5月17日。

二、讲政治必须强化政治执行力

讲政治不是一句空洞的口号，也不是一个抽象的概念。讲政治的关键，是要把讲政治落到实处。年轻干部要把讲政治落到实处，必须强化政治执行力。

（一）执行党的政治要求，毫不懈怠

2018年6月29日，习近平总书记在主持十九届中共中央政治局第六次集体学习时的讲话中对全党提出了七个方面政治上的要求。

第一，把准政治方向。"我们所要坚守的政治方向，就是共产主义远大理想和中国特色社会主义共同理想、'两个一百年'奋斗目标，就是党的基本理论、基本路线、基本方略。"①

第二，坚持党的政治领导。"坚持党的政治领导，最重要的是坚持党中央权威和集中统一领导，这要作为党的政治建设的首要任务。要引导全党增强'四个意识'，自觉在思想上政治上行动上同党中央保持高度一致，确保党中央一锤定音、定于一尊的权威。"②

第三，夯实政治根基。"要紧扣民心这个最大的政治，把赢得民

---

① 习近平：《增强推进党的政治建设的自觉性和坚定性》，《求是》2019年第14期。
② 习近平：《增强推进党的政治建设的自觉性和坚定性》，《求是》2019年第14期。

心民意、汇集民智民力作为重要着力点。要站稳人民立场，贯彻党的群众路线，同人民想在一起、干在一起，坚决反对'四风'特别是形式主义、官僚主义，始终保持党同人民群众的血肉联系。"①

第四，涵养政治生态。"选人用人是风向标，直接影响着政治生态走向。要把树立正确选人用人导向作为重要着力点，突出政治标准。要贯彻落实新形势下党内政治生活的若干准则，让党员、干部在党内政治生活中经常接受政治体检，打扫政治灰尘，净化政治灵魂，增强政治免疫力。党内政治文化'日用而不觉'，潜移默化影响着党内政治生态。要加强党内政治文化建设，让党所倡导的理想信念、价值理念、优良传统深入党员、干部思想和心灵。要弘扬社会主义核心价值观，弘扬和践行忠诚老实、公道正派、实事求是、清正廉洁等价值观，以良好政治文化涵养风清气正的政治生态。"②

第五，防范政治风险。"要教育引导各级领导干部增强政治敏锐性和政治鉴别力，对容易诱发政治问题特别是重大突发事件的敏感因素、苗头性倾向性问题，做到眼睛亮、见事早、行动快，及时消除各种政治隐患。要高度重视并及时阻断不同领域风险的转化通道，避免各领域风险产生交叉感染，防止非公共性风险扩大为公共性风险、非政治性风险蔓延为政治风险。要增强斗争精神，敢于亮剑、敢于斗争，坚决防止和克服嗅不出敌情、分不清是非、辨不明方向的政治麻

---

① 习近平：《增强推进党的政治建设的自觉性和坚定性》，《求是》2019年第14期。
② 习近平：《增强推进党的政治建设的自觉性和坚定性》，《求是》2019年第14期。

痹症。"①

第六，永葆政治本色。"要持续保持高压态势，坚持无禁区、全覆盖、零容忍，坚持重遏制、强高压、长震慑，坚持受贿行贿一起查，坚决防止党内形成利益集团，坚决防范各种利益集团'围猎'和绑架领导干部。领导干部特别是高级干部要明大德、守公德、严私德，做廉洁自律、廉洁用权、廉洁齐家的模范。要织密监督的'天网'，扎紧制度的篱笆，发挥巡视利剑作用，推动全面从严治党向基层延伸，让人民群众真正感受到清正干部、清廉政府、清明政治就在身边、就在眼前。"②

第七，提高政治能力。"要善于从政治上分析问题、解决问题。只有从政治上分析问题才能看清本质，只有从政治上解决问题才能抓住根本。"③

对习近平总书记提出的这七个方面政治上的要求，年轻干部要坚定不移地执行。这是提高政治执行力的重要内容。

（二）执行党的政策部署，不折不扣

政策，是国家政权机关和政党组织在一定历史时期内为完成特定的工作任务，而制定的一些代表其意志以一种权威形式发布的具体行动方针和准则，要采取的步骤和措施。

---

① 习近平：《增强推进党的政治建设的自觉性和坚定性》，《求是》2019年第14期。
② 习近平：《增强推进党的政治建设的自觉性和坚定性》，《求是》2019年第14期。
③ 习近平：《增强推进党的政治建设的自觉性和坚定性》，《求是》2019年第14期。

政策是党的意志具体化的重要体现。党的意志，是党的宗旨、理论、纲领、路线等的统称。从某种意义上讲，政治执行力来自政策执行力。没有执行的政策是一纸空文。2014年10月10日至11日，全国党委秘书长会议在北京召开，习近平总书记作了重要批示："崇尚实干、狠抓落实是我反复强调的。如果不沉下心来抓落实，再好的目标，再好的蓝图，也只是镜中花、水中月。"①

1962年7月18日，刘少奇在题为《加强基层领导，改进工作作风》的讲话中曾经指出："当着政策没有制定的时候，我们要制定政策；当着政策已经制定了，重要的问题就在于正确地贯彻执行。"②"政策执行得好不好，完全执行或不完全执行，机械地执行或比较实事求是地执行，这中间差别很大。有些人对党的政策各取所需，只执行自己所需要的，不需要的就不执行，或者执行反了、偏了，这就会危害党的事业。所以，不要把执行政策看成是个简单的事情。"③

政治执行力，要求年轻干部在执行党的政策部署方面，不折不扣。这也是党的纪律的要求。《中国共产党纪律处分条例》第一百二十二条规定：有下列行为之一，造成严重不良影响，对直接责任者和领导责任者，情节较轻的，给予警告或者严重警告处分；情节

---

① 《习近平关于协调推进"四个全面"战略布局论述摘编》，中央文献出版社2015年版，第157页。
② 《刘少奇选集》下卷，人民出版社1985年版，第455页。
③ 《刘少奇选集》下卷，人民出版社1985年版，第457页。

较重的，给予撤销党内职务或者留党察看处分；情节严重的，给予开除党籍处分：

（一）贯彻党中央决策部署只表态不落实的；

（二）热衷于搞舆论造势、浮在表面的；

（三）单纯以会议贯彻会议、以文件落实文件，在实际工作中不见诸行动的；

（四）工作中有其他形式主义、官僚主义行为的。

这就明确地告诉各级干部，如果不执行政策或者不能有效地执行政策，就要受到党纪处分。

（三）执行党的决定决议，令行禁止

《中国共产党章程》规定："党员个人服从党的组织，少数服从多数，下级组织服从上级组织，全党各个组织和全体党员服从党的全国代表大会和中央委员会。"年轻干部执行党的决定决议，必须做到"四个服从"。

《中国共产党章程》规定："对党的决议和政策如有不同意见，在坚决执行的前提下，可以声明保留，并且可以把自己的意见向党的上级组织直至中央提出。"

这就是说，党员干部在行动上必须服从党的决定决议，但可以向上级直至中央反映不同的意见，也可以保留个人的意见。

年轻干部提高政治执行力，要按照党的政治要求、党的政策部署、党的决定决议对表对标，及时校准偏差。

（四）执行党的纪律规矩，严守不怠

党的纪律是按照民主集中制的原则，根据党的性质、纲领和实现党的路线、方针、政策的需要而确立的各种党规党纪的总称，是党的各级组织和全体党员必须遵守的行为规则，是维护党的团结统一、完成党的任务的保证。执行党的纪律，必须严守不怠，这也是年轻干部提高政治执行力的重要内容。

党的十八大以来，习近平总书记针对一个时期以来党的纪律失之于宽、失之于松、失之于软的问题，强调加强纪律建设是全面从严治党的根本之策。2015年1月13日，习近平总书记在第十八届中央纪律检查委员会第五次全体会议上的讲话中强调："党要管党、从严治党首先要严明纪律，纪律不能成为'稻草人'，不能成为聋子的耳朵——摆设。我们把严明政治纪律、组织纪律作为重要任务，严肃查处有令不行、有禁不止的行为，在查办违纪案件中重点审查违反政治纪律、组织纪律的问题，坚决维护党的团结统一。"[1]

年轻干部提高政治执行力，要把执行纪律挺在前面，这既是防患于未然、治病于初起，也是对领导干部的爱护和保护。习近平总书记说："干部出问题，都是因为纪律的突破。"无数腐败案例证明，领导干部"破法"，无不始于"破纪"。

---

[1] 《习近平关于严明党的纪律和规矩论述摘编》，中央文献出版社、中国方正出版社2016年版，第85页。

三、强化政治执行力的路径选择

"从现在起，中国共产党的中心任务就是团结带领全国各族人民全面建成社会主义现代化强国、实现第二个百年奋斗目标，以中国式现代化全面推进中华民族伟大复兴。"①

完成党的中心任务，关键在于落实，核心在于执行。因此，年轻干部要强化政治执行力，为全面建设社会主义现代化国家、全面推进中华民族伟大复兴而奋斗。

（一）强化"四个意识"

"四个意识"，即政治意识、大局意识、核心意识和看齐意识。

"四个意识"不强，甚至严重缺失，是政治执行力不强的主要原因。其直接表现就是思想上对党中央决策部署不敬畏不在乎，行动上慵懒无为、消极应付，将党中央决策部署"束之高阁"。

近些年来，中央纪委国家监委网站通报的有关省部级领导干部违纪违法的事实中，不少都存在类似的问题。比如，中央纪委国家监委关于陕西省委原书记赵正永的审查报告指出，赵正永"对党中央决策

---

① 习近平：《高举中国特色社会主义伟大旗帜 为全面建设社会主义现代化国家而团结奋斗——在中国共产党第二十次全国代表大会上的报告》，人民出版社2022年版，第21页。

部署思想上不重视、政治上不负责、工作上不认真，阳奉阴违、自行其是、敷衍塞责、应付了事"①；关于甘肃省委原书记王三运的审查报告指出，王三运"对党中央重大决策部署消极应付、严重失职失责"②；关于陕西省原副省长冯新柱的审查报告指出，冯新柱"对党中央关于脱贫攻坚重大决策部署落实不力、消极应付"③。

如果"四个意识"不强，甚至缺乏"四个意识"，怎么能做到不折不扣贯彻落实党中央决策部署？因此，年轻干部要强化政治执行力，首先要强化"四个意识"。

第一，强化政治意识。政治意识，主要是指政治思想、政治观点，以及对于政治现象所持的态度和评判。

年轻干部强化政治意识，就是要进一步坚定政治信仰，坚持正确的政治方向，坚持政治原则，站稳政治立场，保持政治清醒和政治定力，严守党的政治纪律和政治规矩，增强政治敏锐性和政治鉴别力。

第二，强化大局意识。大局意识，就是善于从全局高度、用长远眼光来观察形势、分析问题。

年轻干部强化大局意识，就是要自觉地从大局角度看问题，自觉地把工作放到大局中去思考、定位、谋划；就是要自觉服从大局。当前自觉服从大局，就必须统筹推进"五位一体"总体布局，协调推进

① 《全国人大原内务司法委员会副主任委员、陕西省委原书记赵正永严重违纪违法被开除党籍》，中央纪委国家监委网站2020年1月4日。
② 《甘肃省委原书记王三运严重违纪被开除党籍和公职》，人民网2017年9月23日。
③ 《陕西省政府原党组成员、副省长冯新柱严重违纪被开除党籍和公职》，中央纪委国家监委网站2018年3月31日。

"四个全面"战略布局。

1938年,毛泽东在《中国共产党在民族战争中的地位》一文中指出:"共产党员必须懂得以局部需要服从全局需要这一个道理。如果某项意见在局部的情形看来是可行的,而在全局的情形看来是不可行的,就应以局部服从全局。反之也是一样,在局部的情形看来是不可行的,而在全局的情形看来是可行的,也应以局部服从全局。这就是照顾全局的观点。"①

之所以强调一定要服从大局,是期望年轻干部能从党、国家和人民的根本利益着眼来观察和处理问题。

第三,强化核心意识。核心的意思是中心,就事物之间的关系而言是主要部分。具体到我们党提出的核心意识,就是要求党的各级组织和全体党员坚决维护习近平总书记党中央的核心、全党的核心地位,坚决维护党中央权威和集中统一领导。

关于领导核心,1942年11月,毛泽东在西北局高级干部会议上的讲话中曾经形象地比喻说:"一个桃子剖开来有几个核心吗?不,只有一个核心。"他强调,"要建立领导核心,反对'一国三公'"②。

"一国三公",是指一个国家主持政事的人多。比喻事权不统一,让人不知道听谁的指令好。

邓小平也指出:"任何一个领导集体都要有一个核心,没有核心

① 《毛泽东选集》第二卷,人民出版社1991年版,第525页。
② 《毛泽东文集》第三卷,人民出版社1996年版,第69页。

的领导是靠不住的……要有意识地维护一个核心。"①

　　毛泽东、邓小平的话都说明了强化核心意识的重要性。万山磅礴，必有主峰；船重千钧，掌舵一人。

　　第四，强化看齐意识。我们党所提出的看齐意识，根据2016年10月27日中国共产党第十八届中央委员会第六次全体会议通过的《关于新形势下党内政治生活的若干准则》的规定，就是要求党的各级组织和全体党员向党中央看齐，向党的理论和路线方针政策看齐，向党中央决策部署看齐。

　　1945年，毛泽东在党的七大预备会议上说："要知道，一个队伍经常是不大整齐的，所以就要常常喊看齐，向左看齐，向右看齐，向中看齐。我们要向中央基准看齐，向大会基准看齐。看齐是原则，有偏差是实际生活，有了偏差，就喊看齐。"②

　　年轻干部强化看齐意识，就是要进一步强化向党中央看齐，向党的理论和路线方针政策看齐，向党中央决策部署看齐，做到党中央提倡的坚决响应、党中央决定的坚决执行、党中央禁止的坚决不做。

（二）遵守党的政治纪律

　　党的政治纪律，是党的各级组织和党员在政治生活中所必须遵守的行为规范。

---

① 《邓小平文选》第三卷，人民出版社1993年版，第310页。
② 《毛泽东文集》第三卷，人民出版社1996年版，第297—298页。

年轻干部强化政治执行力，还必须遵守党的政治纪律。

2018年修订、自2018年10月1日起施行的《中国共产党纪律处分条例》（以下简称《条例》）突出强调了政治纪律。

为什么突出强调政治纪律？因为在党的全部纪律中，政治纪律是打头、管总的。不管违反哪方面的纪律，最终都会侵蚀党的执政基础，破坏政治纪律。列宁讲，"政治上有教养的人是不会贪污受贿的"①。

对违反政治纪律行为的处分，《条例》第六章从第四十四条至第六十九条，共制定了26条纪律规范。

2015年1月13日，习近平总书记在十八届中央纪委五次全会上的讲话中强调："党的纪律是刚性约束，政治纪律更是全党在政治方向、政治立场、政治言论、政治行动方面必须遵守的刚性约束。"②

第一，必须同党中央保持高度一致。同党中央保持高度一致，这是党员干部遵守党的政治纪律最为核心的内容。习近平总书记说："同党中央保持一致不是一个空洞口号，而是一个重大政治原则。"③

党员干部要坚持这一重大原则，就要在党的指导思想上、在党的路线方针政策上、在关系全局的重大原则问题上同党中央保持高度一致。

---

① 《列宁选集》第四卷，人民出版社2012年版，第588页。
② 《习近平关于协调推进"四个全面"战略布局论述摘编》，中央文献出版社2015年版，第147页。
③ 《十八大以来重要文献选编》（上），中央文献出版社2014年版，第132页。

第二，必须坚持党中央权威和集中统一领导。党的十九大报告明确指出："保证全党服从中央，坚持党中央权威和集中统一领导，是党的政治建设的首要任务。"①

中国共产党是中国特色社会主义事业的领导核心，因此，坚持并维护党中央权威和集中统一领导，是党和国家前途命运所系，是全国各族人民根本利益所在。

《条例》第五十条规定："党员领导干部在本人主政的地方或者分管的部门自行其是，搞山头主义，拒不执行党中央确定的大政方针，甚至背着党中央另搞一套的，给予撤销党内职务、留党察看或者开除党籍处分。""落实党中央决策部署不坚决，打折扣、搞变通，在政治上造成不良影响或者严重后果的，给予警告或者严重警告处分；情节严重的，给予撤销党内职务、留党察看或者开除党籍处分。"

这是对不能"坚持党中央权威和集中统一领导"的行为作出的纪律处分规定。

第三，必须维护党的团结和统一。维护党的团结和统一，是重要的政治纪律之一。

俗话说，"一根筷子容易折，一把筷子不易弯"；"孤则易折，众则难摧"。如果一个组织钩心斗角，心想不到一块儿，劲就使不到一块儿，自然也就没有力量；如果一个组织团结和谐，大家在一个共同

---

① 习近平：《决胜全面建成小康社会 夺取新时代中国特色社会主义伟大胜利——在中国共产党第十九次全国代表大会上的报告》，人民出版社2017年版，第62页。

的目标引导下，齐心协力，就没有战胜不了的困难。历史证明了这一观点的正确性。

当年，在民族生死存亡的危难之际，中国共产党人以极大的政治勇气和宽阔胸襟，高扬起团结的旗帜，摒弃前嫌，建立了最广泛的抗日民族统一战线，将日本侵略者赶出了中国。

当年，就是因为张国焘与党中央闹分裂，致使红四方面军三过草地，损失严重。原武汉军区副政委任荣曾经回忆说："自1935年6月红一、四方面军会师后，党中央决定集中红军主力向北发展，创建川陕甘革命根据地。但张国焘自恃人多枪多，置中央决定于不顾，搞分裂、搞反党阴谋，强令四方面军部队南返，企图在四川、西康两省交界的少数民族聚居地建立根据地。

…………

"行军的第三天，我们趟过一条一米多深的小河，然后踏上小石山。在路右边的小山崖下，看见躺着许多牺牲的同志，我们只有默默地向他们的遗体告别。由于风雨、泥泞、寒冷的折磨，饥饿的熬煎，高山缺氧的反应，大家的身体越来越弱。不少同志走着走着就倒下去了。有的腿没有力，上不去山坡，一坐下就再也起不来了。加之大部队走后，无力收容救治，使得许多同志长眠在这荒无人烟的草地上。这是张国焘搞分裂造成的恶果。

"事实说明，南下是没有出路的。因为路线的错误，部队屡屡受挫。特别是百丈镇一战的失利，我军伤亡惨重。红军将士以生命的代价，宣告了张国焘南下路线的破产。值得欣慰的是，在党中央的关怀下，红四方面军又三过草地，与红二方面军一同北上，终于重新回到了正确的轨道。

"将军动情地告诉记者：三过雪山草地的经历，让我们深深体会到了离开党的正确领导的滋味。从此以后，我更加坚定了对党的信念，坚定了对革命事业的信念，一生都没有动摇过。"①

任荣将军用他经历过的事实告诉后人，一个组织团结才有力量，闹分裂绝对没有好下场。

（三）强化政治责任担当

政治责任，是政治主体制定符合民意的公共政策并推动其实施的职责及没有履行好职责时所承担的谴责和制裁。政治主体，是政治活动的从事者和政治关系的承担者。政治责任与政治主体在政治生活中的角色紧密相连。年轻干部作为政治主体的重要组成部分，在政治生活领域承担着重要的责任。所谓领导干部要讲政治，就是对领导干部要承担政治生活领域的责任的另一种表达形式。

作为年轻干部，只有具有政治责任担当，才能具有政治执行力。

---

① 卜金宝、赵广亮：《三过雪山草地》，《解放军报》2007年5月31日。

强化政策执行力的方法

政策，是国家政权机关和政党组织在一定历史时期内为完成特定的工作任务而制定的一些代表其意志，以一种权威形式发布的具体行动方针和准则、要采取的步骤和措施。

"政策和策略是党的生命，各级领导同志务必充分注意，万万不可粗心大意。"①毛泽东的这一论断指明了政策和策略在党的事业中的重要作用。

一、执行政策年轻干部责无旁贷

年轻干部是广大青年人中的精英，是党和国家执政的骨干力量，肩负着许多重要的职责。执行政策年轻干部责无旁贷。

---

① 《毛泽东选集》第四卷，人民出版社1991年版，第1298页。

（一）政策是党的意志的具体化

党的意志，是党的宗旨、理论、纲领、路线等的统称。要把党的意志落到实处，真正在经济社会中发挥重要作用，指导新时代中国特色社会主义现代化建设，就必须具体化。政策就是党的意志具体化的重要体现。

从本质上来讲，党和国家的政策都是人民根本意志的反映。反映人民的根本意志不能只是抽象的要求，而必须有具体的措施，通过这些具体措施的实施来实现人民的根本意志。政策就是其具体的措施。

如此说来，作为党和政府执政骨干的年轻干部，一项极为重要的工作，就是执行政策。

（二）执行是政策的落脚点

习近平同志在《关键在于落实》一文中强调指出："我们的所有成就，都是干出来的。这里的关键，就是始终注重抓落实。如果落实工作抓得不好，再好的方针、政策、措施也会落空，再伟大的目标任务也实现不了。"[1]

要把政策落到实处，没有其他途径可选择，执行是唯一的路径，执行才是政策的落脚点。正如马克思所言："一步实际运动比一打纲领更重要。"[2]

---

[1]　习近平：《关键在于落实》，《求是》2011年第6期。
[2]　《马克思恩格斯文集》第三卷，人民出版社2009年版，第426页。

党和国家制定的政策，是根据实践而取得的理性认识，是认识的高级阶段，是对客观规律的总结。但是，这种理性认识，即制定出来的政策不是花瓶，仅供人观赏，而是要把它应用到实践当中，去指导实践、去解决问题。这就是执行政策。没有执行，再好的政策也只是一纸空文，终究不会发挥它应有的作用。

（三）执行是检验政策有效性的唯一手段

党和政府制定的政策是否有效，是需要检验的。如何检验？执行就是唯一的检验手段。

政策的有效性，既包括政策设计的科学性、政策表达的合理性，也包括政策主体的积极性、政策对象的配合性等。而这些要素的实现程度如何，都是需要通过执行来检验的。

比如，我们的精准扶贫政策。执行的情况显示，这一政策是非常有效的。

2018年6月，《中共中央国务院关于打赢脱贫攻坚战三年行动的指导意见》（以下简称《意见》）正式公布。

《意见》要求："做到扶持对象精准、项目安排精准、资金使用精准、措施到户精准、因村派人（第一书记）精准、脱贫成效精准，因地制宜、从实际出发，解决好扶持谁、谁来扶、怎么扶、如何退问题，做到扶真贫、真扶贫，脱真贫、真脱贫。"[①]

---

① 《中共中央国务院关于打赢脱贫攻坚战三年行动的指导意见》，人民出版社2018年版，第5页。

　　扶持对象精准，要让真正需要帮助的贫困居民得到帮助；项目安排精准，要让贫困居民自己"造血"，为不返贫提供项目支持；资金使用精准，要让贫困地区、贫困居民都能合理使用资金，不乱花、不挪用扶贫资金；措施到户精准，要有的放矢地确保帮扶贫困户的效果；因村派人（第一书记）精准，要让每一个贫困村落都有一个好的带头人，从而带领村民共同致富；脱贫成效精准，要避免假脱贫等问题的产生。

　　精准扶贫中的"六个精准"被证明是精准扶贫工作不可或缺的六个环节。精准扶贫政策的有效性由此可见一斑。

　　精准扶贫政策的有效性，让我们"打赢了人类历史上规模最大的脱贫攻坚战，全国八百三十二个贫困县全部摘帽，近一亿农村贫困人口实现脱贫，九百六十多万贫困人口实现易地搬迁，历史性地解决了绝对贫困问题，为全球减贫事业作出了重大贡献。"[①]

二、影响政策执行的主要因素分析

　　政策的有效执行，是一项极为复杂的工作，它不仅受到政策本身

---

①　习近平：《高举中国特色社会主义伟大旗帜 为全面建设社会主义现代化国家而团结奋斗——在中国共产党第二十次全国代表大会上的报告》，人民出版社2022年版，第7—8页。

质量的影响，也受到政策执行主体和政策目标群体的影响，搞清楚这些影响因素，对政策的有效执行大有裨益。这里仅探讨有哪些因素影响作为政策执行主体的年轻干部有效执行政策。

政策执行主体，是指负责组织执行政策的部门或其成员。政策执行主体素质的高低也是影响政策有效执行的一个决定性因素。毛泽东曾经讲过："政治路线确定之后，干部就是决定的因素。"同理，正确的政策制定之后，政策执行主体就是决定的因素。执行主体的素质如何，直接决定着政策的执行效果。

（一）政治上是否过得硬

政治上过得硬，是对政策执行主体素质的首要要求。政治上过得硬，执行政策才能靠得住。所以我们党一直强调领导干部要讲政治。

什么是讲政治？讲政治不是口头上表个态，开会时念几句文件内容。讲政治，体现在政策的执行上，就是必须不折不扣地把政策执行到位，不能搞"上有政策，下有对策"那一套，不能有令不行，有禁不止。

凡是在执行政策时，搞"上有政策，下有对策"那一套的，"有令不行，有禁不止"的执行主体，皆是不讲政治之人，而这样的人是不可能有效地执行政策的。请看《中国纪检监察报》2019年4月24日的一篇题为《"面具"背后藏贪婪》的报道。

文章说："童金波，湖北省黄石市交通运输局原正处级干部，曾任大冶市副市长、常务副市长、市委副书记，阳新县县长、县委书记。2018年1月，因涉嫌严重违纪违法，接受组织审查调查。同年，被开除党籍、开除公职，并被移送检察机关审查起诉。"

由文章披露的问题看，童金波不仅违反组织纪律，不如实报告个人有关事项；利用职务便利，收受他人财物，为他人谋取利益，涉嫌受贿犯罪，还搞"上有政策，下有对策，落实中央精神两面做派"。

文章说："坐拥70多公里长江岸线，阳新县所属的黄石市曾积极推进'五边三化'工作，保护长江水源地，花大力气修复长江沿岸生态环境。2013年9月，黄石市委确立了'生态立市、产业强市'发展战略，同年10月，黄石组建学习团赴浙江丽水学习，时任阳新县委书记童金波随团前往。当年他在报道中声称，自己学习丽水经验深有感悟，决心学以致用，打造美丽阳新。

"殊不知，他说一套做一套。表面上贯彻党中央和省市有关精神，暗地里却支持自己的'关系户'破坏长江沿线生态环境，成为了建设生态阳新的'拦路虎''绊脚石'。

"据介绍，位于富池镇长江边上的一水泥公司董事长魏某及公司股东早在公司建设之初，就搭上了童金波这条'线'。2013年5月，该公司的采矿许可证到期，由于越界开采的行为一直存在，对当地自然环境造成严重破坏，阳新县国土资源局拒绝为其延续证件。魏某找到了刚刚升为县委书记的童金波。

"'书记说了这样的企业不容易，不能把企业关停，这是一个总的原则。'阳新县原副县长马作才说。

"作为县委书记，童金波这几句话的分量无疑是巨大的。随即，阳新县人民政府出了一份会议纪要，提出：对该公司越界违法开采所得不予没收，给予10万元经济处罚，不予以追究其他责任。这意味着，本已构成犯罪的越界开采行为，只是罚款就了了事。

"以会议纪要来干涉部门执法，先例一破，便一发不可收拾。不仅该公司每年的证件延期手续沿用此法办理，面临新问题、有新的违法行为时，用起这招来也驾轻就熟。

"2014年3月，阳新县森林公安局侦查发现，该公司非法占用林地多达315.7亩，造成山场植被大面积破坏。没想到，又是一份'会议纪要'，该案就被撤了案，变更为行政处罚。

"'这一份份会议纪要，看似集体决策，实则体现的是童金波的个人意志。'黄石市纪委监委有关负责人介绍，整个过程中，童金波始终将个人意志凌驾于组织之上，滥用权力。只不过，他不是赤裸裸地公然实施，而是躲在幕后，通过冠冕堂皇的说辞和隐蔽的手段，变换花样授意下属和相关职能部门去实施，从而一次次地达到自己的目的。

"'因为跟企业老板有交往，处理企业的问题上带着自己的私心。'童金波交代。

"身为县委书记，童金波置中央精神于不顾，阳奉阴违，纵容该公司越界非法开采达6年之久，给国家造成直接损失1.6亿元。"①

童金波很显然是一个不讲政治之人。也正因为他不讲政治，在执

---

① 刘威：《"面具"背后藏贪婪》，《中国纪检监察报》2019年4月24日。

行政策的过程中，搞"上有政策，下有对策"那一套，最终把自己套进去了。执行主体当引以为戒。

事实证明，政治上过得硬的政策执行主体，能站在党和人民的立场上，积极主动地推进政策的执行，并不折不扣地把政策落实执行到位。而政治上不过硬或根本不讲政治的政策执行主体，则会从自身或小集团的利益出发，选择性地执行政策、变通性地执行政策，甚至用尽手段阻碍政策的落实执行。

（二）责任上是否敢担当

作为政策执行主体，不仅政治上要过得硬，责任上也要敢担当。

任何政策的有效执行，都不可能是一帆风顺的，困难挫折在所难免，甚至还要承担很大的风险。这就需要政策执行主体具有强烈的责任担当精神。而政策执行主体的责任担当精神，也直接决定着政策的有效执行。

具有责任担当精神的政策执行主体，是不惧怕担当责任的，即使政策执行的难度很大。

出生于河南林县的四有（心中有党、心中有民、心中有责、心中有戒）书记谷文昌就是一位具有强烈责任担当精神的领导干部。

国民党溃败台湾前，国民党残部疯狂抓壮丁。当时的东山岛，仅有1.2万余户人家，但被抓的青壮年却达4792人。

因为被抓壮丁的人数众多，壮丁家属遍及全岛。依照两岸当时硝烟对立的情势，这些壮丁家属是不折不扣的"敌伪家属"，而"敌伪家属"就是阶级敌人。面对这种情况，时任东山县第一区工委书记的谷文昌向县委建议：把"敌伪家属"改成"兵灾家属"。他认为，"壮丁们是被捆绑走的，他们的家属是受害人""共产党人要敢于面对实际，对人民负责"。

东山县委经过认真调研并报上级同意后，采纳了谷文昌的建议，把被抓壮丁的家属一律称作"兵灾家属"，并决定对这些家属政治上不歧视，经济上平等对待，生活困难的给予救济，孤寡老人由乡村照顾。两字之差，天壤之别，一项德政，赢得了数万民心。

1953年7月，国民党部队1万多人突袭东山岛，我守岛部队不过千人，兵力悬殊。东山群众特别是妇女成了支前的主力。他们肩挑手拎，为前线运水送粮。家里曾被抓走3名壮丁的刘阿婆，她不仅给前线挑水送粮，还隐藏保护了两名负伤的解放军战士。

"国民党抓走我们的亲人，共产党把我们当成亲人养。哪怕做鬼，我也愿为共产党守岛！"这是"兵灾家属"的共同声音。

东山保卫战后，在评选立功受奖的东山群众时，那些失去亲人的妇女竟占了一半以上，刘阿婆也被评为一等功臣。

把"敌伪家属"改成"兵灾家属"，这在当时的环境下，风险之大是显而易见的。但谷文昌有着正确的风险观，这种正确的风险观就源于他"敢于面对实际，对人民负责"。后来东山保卫战胜利的事实证明，"承担风险比不承担风险的风险更小"。

（三）能力上是否能成事

政策的有效执行，执行主体不仅要政治上过得硬，责任上敢担当，还有重要的一点不能疏忽，就是能力上能成事。能力上能成事，就是有政策执行能力。政策执行能力，是实现政策目标的重要条件。

习近平同志在担任浙江省委书记、省人大常委会主任期间，曾经在《浙江日报》"之江新语"专栏发表过一篇题为《敢于负责、善于负责》的文章。在这篇文章中，习近平同志指出："领导干部有了敢于负责的胆量和气魄，固然可嘉。但是，要做到真正意义上的负责，还需要有善于负责的本领。善于负责，必须掌握科学的思想方法和工作方法。领导干部要能负责、会负责、负好责，做到权责对等，不盲目负责、不胡乱负责，处理矛盾和问题要讲究策略，有勇有谋、有胆有识、有理有利有节。"[1]

政策的有效执行也是如此。政策执行主体在执行政策时，不仅要有敢于担责的胆量和气魄，还要有把政策执行到位的本领，在能力上要能成事才行，即具有能够把政策执行到位的思想方法和工作方法。两者只有做到有机地结合，才能真正把政策执行好。

---

[1]　习近平：《之江新语》，浙江人民出版社2007年版，第229页。

三、强化政策执行力的路径与方法

政策执行力，是国家治理体系和治理能力现代化的重要组成部分，是发挥国家治理体系效能的最终体现。

美国政策学者艾利森认为："在实现政策目标的过程中，方案确定的功能只占10%，而其余的90%则取决于有效的执行。"由此可见强化政策执行力的重要性。

（一）正确理解党和国家的政策

年轻干部在执行政策时，首先要正确地理解党的政策，准确领会政策的要点和要领，在吃透精神、系统把握的基础上，坚决而忠实地予以执行。否则，理解错误或者断章取义，就会南辕北辙。南辕北辙，是永远实现不了政策目标的。

清朝雍正年间曾经发生过这样一件事情：有一位名叫童华的人，从浙江调到苏州为知府。当时，皇帝下圣旨，要清查自康熙五十一年（1712）以来江苏地区拖欠1200余万税款的问题。

江苏巡抚接到圣旨，认为应该严加追缴。于是，他就下令要求欠税款的人在一周之内把税款交清，否则，就予以逮捕。结果把1000多人抓进了监狱。

童华请求巡抚宽限一段时间。巡抚大怒，斥责他说："你敢违抗圣旨吗？"童华赶紧解释说："我不是违抗圣旨，而是遵循执行圣旨。皇上知道有多年的欠税问题，他没有下令严加追查，而是下令清查，清查就是想弄清来历，查明原因。拖欠税款的原因是在官府呢，还是在民间？是应该征收的，还是应该减免的？搞清楚之后，奏请圣上裁决，这是圣旨的本意。现在如果我们不弄清楚圣上的本意，就要求老百姓将拖欠15年的税款马上交清，这是横征暴敛，不是清查。现在请您宽限我3个月，我们将情况搞清楚，登记造册，逐级上奏圣上。"

原文：

> 华非逆旨，乃遵旨也。上知有积欠，不命严追，而命清查，正欲晰其来历，查其委曲，或在官，或在民，或应征，或应免，了然分晓，奏请圣裁，诏书意也。今奉行者绝不顾名思义，徒以十五年积欠力求完纳，是暴征，非清查也。今请宽三月限，当部居别白，分牒以报。

> ——《清史稿·列传二百六十四》

巡抚答应了他的请求，释放了逮捕的1000多人，并将江苏欠税的情况登记造册上奏朝廷。

当时，朝廷也听说江苏巡抚严查的事情，皇帝大怒，下令要严加处理。后来听说巡抚改正了原来的做法，才赦免了他。圣旨的本意果然像童华所说的那样。

显而易见，在如何执行圣旨的问题上，巡抚与知府出现严重的分歧，其原因就在于他们对皇上的旨意有着不同的理解。

巡抚认为"清查"，就是要严加追究；知府认为"清查"，是弄清来历，查明原因。

按照巡抚的理解，必定会造成横征暴敛、民怨沸腾、政局不稳的严重后果。幸亏童华说服了巡抚，让他纠正了执行中的错误行为。

准确理解才能精准执行。习近平总书记说过："学习党的路线方针政策和国家法律法规，这是领导干部开展工作要做的基本准备，也是很重要的政治素养。不掌握这些，你根据什么制定决策、解决问题呀？就很可能会在工作中出这样那样的毛病。"①

在执行政策的过程中，我们确实看到有些地方政策执行出现了偏差。结果导致好政策没有好效果，搞得群众意见很大。

（二）善于做政策目标群体的工作

政策执行的过程，实质上也是政策执行主体做政策目标群体工作的过程。所谓政策目标群体，是指那些受政策规范、管控、调节和制约的社会成员。

2013年3月1日，习近平总书记在中共中央党校建校80周年庆祝大会暨2013年春季学期开学典礼上强调："很多同志有做好工作的真诚愿望，也有干劲，但缺乏新形势下做好工作的本领，面对新情况新问题，由于不懂规律、不懂门道、缺乏知识、缺乏本领，还是习惯于

———————————

① 《习近平谈治国理政》第一卷，外文出版社2018年版，第405页。

用老思路老套路来应对，蛮干盲干，结果是虽然做了工作，有时做得还很辛苦，但不是不对路子，就是事与愿违，甚至搞出一些南辕北辙的事情来。这就叫新办法不会用，老办法不管用，硬办法不敢用，软办法不顶用。"①

政策执行主体要善于做政策目标群体的工作，必须在以下几个方面着力。

第一，善于平等地跟政策目标群体沟通。政策执行主体要推动政策执行，离不开跟政策目标群体的沟通。沟通效果的好与坏，决定着政策目标群体对政策的认知程度，而政策目标群体对政策的认知程度，直接决定着政策执行的力度。因此，政策执行主体要善于跟政策目标群体沟通。

沟通，重在平等。平等沟通是政策执行主体与政策目标群体沟通的一个首要原则。在我们社会主义国家里，只有职业分工的不同，没有尊卑贵贱之分。不管是政策执行主体，还是政策目标群体，在政治、法律、经济和人格上，都是平等的，都享有同等的权利和义务。

政策执行主体只有树立了这种平等的观念，才能实现跟政策目标群体的有效沟通，从而帮助他们对政策产生情感认同和价值认同。

所谓情感认同，就是从感情上客观地体悟到政策的内容、实质和作用。

在政策目标群体认同建构过程中，情感认同是一个不可或缺的环

---

① 《习近平关于社会主义经济建设论述摘编》，中央文献出版社2017年版，第316页。

节。列宁指出："没有'人的感情'，就从来没有也不可能有人对于真理的追求。"①

这里所说的"价值认同"，是政策目标群体对政策所反映出来的价值观念的认可，并形成产生相应行为的过程。

事实上，"价值认同是情感认同的基本内容，而情感认同又是实现价值认同关键，二者常常合二为一，没有情感认同，就没有真正的价值认同"②。

这里强调政策目标群体对政策的情感认同，其目的是通过情感的方式实现对政策所反映出来的价值观念的认可，从而达到在实践中有效执行的效果。

比如，环境保护政策。新中国成立以来的环境保护政策起始于20世纪70年代。在此之前，"国家主要任务是尽快建立独立的工业体系和国民经济体系，加上当时人口相对较少，生产规模不大，环境容量较大，整体上经济建设与环境保护之间的矛盾尚不突出，所产生的环境问题大多是局部个别的生态破坏和环境污染，尚属局部性的可控问题，未引起重视，没有形成对环境问题的理性认识，也没有提出环境战略和政策目标，尽管政府提出了厉行节约、反对浪费、勤俭建国的方针，倡导了'爱国卫生'和'除四害'等运动，但主要是针对当时物质匮乏、环境污染威胁到人的生存时的本能反应，并不是有目的

----

① 《列宁全集》第二十五卷，人民出版社2017年版，第117页。
② 李建华：《情感认同与价值观认同》，《光明日报》2018年5月28日。

地解决环境污染问题"①。

据王金南研究："1972年发生的大连湾污染事件、蓟运河污染事件、北京官厅水库污染死鱼事件，以及松花江出现类似日本水俣病的征兆，表明我国的环境问题已经到了危急关头；同年6月5日，联合国第一次人类环境会议在瑞典斯德哥尔摩召开，在周恩来总理的关心推动下，我国派代表团参加了会议，自此政府开始认识到我国也存在严重的环境问题，并且环境问题会对经济社会发展产生重大影响。1973年第一次全国环境保护会议召开，拉开了环境保护工作的序幕。"②

随后，各种环境保护政策不断出台。环境保护政策所涉及的政策目标群体是广泛的，人人都在环境中，人人都是规范、管控、制约的对象。

对这种涉及政策目标群体广泛的政策，政策目标群体的认知就是从情感认知到价值认知的过程。

环境问题直接影响政策目标群体的生存质量，不解决这一问题，就难有质量地生存在社会中。因此，从感情上，政策目标群体认同了各种环境保护政策。因为有了这种情感认同，价值认同就顺理成章了。

---

① 参见王金南等：《中国环境保护战略政策70年历史变迁与改革方向》，《环境科学研究》，2019年第10期。
② 参见王金南等：《中国环境保护战略政策70年历史变迁与改革方向》，《环境科学研究》，2019年第10期。

他们认识到，环境保护是衡量一个国家、一个地区、一个城市的文明程度的重要标志，是衡量一个人道德水平高低的重要尺度。保护环境，不仅对改善人们的居住环境、提高人民群众的生活水平具有重要作用，而且对提高整个民族的思想道德素质、改造社会、促进人类生存与发展都具有极其重大的意义。

政策目标群体这种情感认同和价值认同的形成，极大地促进了环保政策的有效执行。

许多社会成员自觉主动地加入环境保护的志愿者行列，他们不论是做工作中的大事，还是做生活中的小事，每一事他们都要考虑环境保护。比如，浙江省某生态旅游区，推出了废电池换门票的环保公益活动，只要收集5节废电池，就可以换取一张景区门票。在黄山、泰山等著名景点，不仅到处可见"除了脚印，什么也别留下"的警示牌，而且随时可以看到环卫人员把游客丢下的垃圾拾起，有的游客也会主动捡拾其他游客扔掉的垃圾，带离风景区。

第二，善于通俗地跟政策目标群体说理。做政策目标群体的思想工作，离不开说理。

说理的基础是"理"，说理的关键是"说"。无"理"寸步难行，有"理"不"说"，理也不能成其为理。而要使这两者有机地结合起来，充分发挥其作用，必须有"理"的基础，有"说"的本领。如何有机结合起来呢？

实践证明，通俗地跟政策目标群体说理，是一个不错的选择。比如，寓道理于事例中。请看毛泽东是怎样运用这种方法通俗说理的。

1941年，由于日寇的猖狂进攻和国民党的封锁，我抗日根据地不断缩小，在物质上遇到了很大的困难，而与此同时，根据地却依然存在着庞大的组织机构。

为了克服物质困难，中共中央于1941年11月提出了精兵简政的政策，要求精简机关，充实连队，加强基层，提高效能，节约人力物力。

该政策提出之后，大多数根据地的党组织都依照中央的指示，抓紧进行这项工作，但还有若干根据地对此认识不足，"没有把精兵简政当作一个极其重要的政策看待"①。

针对这种情况，毛泽东发表了《一个极其重要的政策》的文章，来论述这一问题。为了把道理说明说透，毛泽东列举"气候变化了，衣服必须随着变化"的生活常识来说明精兵简政的意义。

他说："气候变化了，衣服必须随着变化。每年的春夏之交，夏秋之交，秋冬之交和冬春之交，各要变换一次衣服。但是人们往往在那'之交'不会变换衣服，要闹出些毛病来，这就是由于习惯的力量。目前根据地的情况已经要求我们褪去冬衣，穿起夏服，以便轻轻快快地同敌人作斗争，我们却还是一身臃肿，头重脚轻，很不适于作战。"②

天热了要减衣，天凉了要添衣，如果大热天仍然捂着棉衣，准得

---

① 《毛泽东选集》第三卷，人民出版社1991年版，第880页。
② 《毛泽东选集》第三卷，人民出版社1991年版，第882页。

闹病。这是生活常识，谁都明白。可是根据变化了的战争情况而实行精兵简政的意义，却不是人人都懂得的。如何说明这一意义呢？毛泽东借助换衣服这一生活中的常例，揭示了要说的道理，可以说是既通俗又道理深刻。

把"精兵简政"政策的意义说清楚了，才能有效地执行。

邓小平指出："只要我们密切联系群众，深入地做工作，把道理向群众讲清楚，就能得到群众的同情和谅解，再大的困难也是能够克服的。"①

第三，用诚信来赢得政策目标群体的支持。2000多年前，著名的思想家孔子就反复地告诫他的弟子："言忠信，行笃敬，虽蛮貊之邦，行矣；言不忠信，行不笃敬，虽州里，行乎哉？"

在孔子看来，为人处世，不要夸夸其谈，说话就要算数；与朋友交往，要言而有信；作为一个人，不能不讲信誉。如果一个人说话守信用，行为诚恳，即使是在蛮荒落后的国家，也可以顺利地自由行动；反之，即使是在本乡本土，也会处处难行。

政策执行主体要做好政策目标群体的工作，离不开诚信这个中华民族的优良传统。说到就要做到，承诺就要兑现。诚信是政策执行主体和政策目标群体合作的定心丸。

当年，商鞅就曾以"广告"的形式来展示他的诚信，以此来赢得政策目标群体的信任，从而顺利推动他的改革政策的实施。

---

① 《邓小平文选》第二卷，人民出版社1994年版，第229页。

公元前356年，秦国商鞅在秦孝公的支持下开始主持变法。

商鞅对秦孝公讲："疑行无名，疑事无功。"在商鞅看来，行动有疑虑，就干不出名堂，做事有疑虑，就干不出任何效果。因此，为了表明他的决心，表明他说话算数，他让人在咸阳城南门外立了一根三丈长的木杆。

木杆立好之后，他贴了一个告示："谁能将这根木杆搬到北门，奖赏十金。"

聚集在告示下的人很多，但没有人相信这是真的："这是什么难事，赏这么多金。"结果，谁也不动手去扛。

商鞅见没有人去扛它，就又宣布："谁能将这根木杆扛到北门，奖赏五十金。"

这时，有个壮汉走上前去，把这根木杆扛到了北门。商鞅立即赏了他五十金。

知道这件事的人都说商鞅诚实守信，这有助于他在秦国开展事业。

（三）做政策执行的表率

富兰克林说："一个良好的示范，才是最佳的训词。"政策执行，政策执行主体的带头作用至关重要。

有人说，中国共产党和国民党的领导有一个重要的区别就是：共产党的领导常说"跟我来"，而国民党的官员则常说"给我冲！"。这也正是国民党失败的一个重要原因。

共产党将领能够身先士卒，以身作则，而国民党将领则是让士兵在前，自己明哲保身，岂有不败之理？

历史的经验值得记忆。政策执行离不开政策执行主体的带头示范作用。想让政策目标群体理解，政策执行主体首先要理解；想让政策目标群体做到，政策执行主体首先要做到。领导心理学研究证明，群众会接受领导者的示范或暗示。其身正，不令而行，其身不正，虽令不从。

中国工农红军为什么能冲破国民党几十万大军的围追堵截，忍受着饥渴寒冷的煎熬，翻越地球上最罕见的险峻峰峦，穿越地球上最难行的沼泽沟壑，用足迹踏出人类不曾有过的奇迹？有一个非常重要的原因，就是红军指挥员的身先士卒。有这样一个故事：

一位军长和长征队伍一起在云中山迎着飞雪艰难地向前迈进，忽然有人向军长报告："前面发现一个冻死的人。"

这是一个已经冻僵了的老战士。他穿着像树叶一样单薄、破旧的衣服，倚靠着一棵光秃秃的树干坐着。

军长见此情形怒不可遏，像一头发怒的豹子般吼叫道："警卫员，叫军需处长跑步上来。"

谁知，有人对军长小声地说了一句："这就是师军需处长胡军，他把所有能御寒的东西都发给别人了。"

军长正要发火却停住了。他怔怔地伫立了足有一分钟。雪花无声地落在他的脸上，融化在泪水中。

这是一个非常震撼人心的故事。红军领导身先士卒的形象跃然纸上。有这样身先士卒的领导，中国工农红军还有什么沼泽沟壑不能穿越？还有什么险峻峰峦不能翻越？

同样，如果有身先士卒的政策执行主体以身作则，还有什么政策不能有效地执行？

（四）为宣传政策喊破嗓子

俗话说："喊破嗓子，不如干出样子。"事实上，政策执行主体要强化政策执行力，是既要干出样子，也要喊破嗓子。

干出样子，就是要通过自己的实际行动来带头执行党和国家的政策，起到示范作用；喊破嗓子，就是要大力向政策目标群体宣传党和国家的政策。

对政策目标群体做政策宣传工作，首先需要帮助政策目标群体准确领会政策的要点和要领。

第一，阐述政策出台背景。一般而言，政策都是针对现实存在的问题而提出来的。现实问题的存在，也许有着历史的原因，也许有着外部环境的因素。政策执行主体要从理论和实践结合的角度向政策目标群体阐述为什么要制定该政策，即该政策产生的社会条件和社会要求是什么。政策执行主体通过阐述政策出台背景，能帮助政策目标群体更好地理解政策出台的必要性和重要性。

第二，阐明政策制定的目的。政策是对社会公共利益的集中反映，是为了避免或减少社会成员之间的利益摩擦，而对复杂的利益关系进行调整。政策执行主体向政策目标群体阐明政策制定的目的，有益于政策目标群体了解该项政策集中反映了哪些社会公共利益。

第三，解释政策内容条款。这是要把政策内容转化为政策目标群体能够理解且接受的东西。

政策内容条款是政策宣传工作的关键点。政策的内容条款涉及政策目标群体具体要操作的事项，即允许什么、限制什么、规范什么、调控什么，等等。政策执行主体通过解释政策内容条款，能让政策目标群体理解该项政策的内容和精神实质，知其然且知其所以然，明白自身的所行所止。

第四，提出政策执行计划。这是让政策目标群体明白执行该政策的具体工作安排，即如何执行该政策，其措施是什么，在时间上如何安排，等等。

比如，对精准扶贫政策的宣传，就要讲清楚这样几个问题：什么是精准扶贫？精准扶贫提出的背景是什么？精准扶贫提出的意义是什么？精准扶贫的具体措施有哪些？精准扶贫政策目标实现需要多长时间，有哪些计划？等等。

全国的精准扶贫工作之所以能有序开展，并取得了重大的成效，一个重要的原因就是从中央到地方乃至各个扶贫对口支援单位的扶贫政策宣传引导工作到位。

毛泽东曾经指出："政策是革命政党一切实际行动的出发点，并且表现于行动的过程和归宿。一个革命政党的任何行动都是实行政策。不是实行正确的政策，就是实行错误的政策；不是自觉地，就是盲目地实行某种政策。所谓经验，就是实行政策的过程和归宿。政策必须在人民实践中，也就是经验中，才能证明其正确与否，才能确定其正确和错误的程度。但是，人们的实践，特别是革命政党和革命群众的实践，没有不同这种或那种政策相联系的。因此，在每一行动之前，必须向党员和群众讲明我们按情况规定的政策。否则，党员和群众就会脱离我们政策的领导而盲目行动，执行错误的政策。"①

　　毛泽东的这段话说明了政策宣传的作用。政策宣传是为政策的有效执行做舆论准备，是政策执行主体义不容辞的责任。政策执行主体通过宣传阐释活动，能促进政策目标群体理解、领会党和国家的政策，对政策产生价值认同，这也是让政策从文件到落地的逻辑起点。

---

① 《毛泽东选集》第四卷，人民出版社1991年版，第1286页。

第五章

强化制度执行力的方法

制度，是人们必须共同遵守的办事规则或行为准则。制度的生命在于执行。有制度而不执行，比没有制度还要糟糕。因为有制度而不执行，不但起不到积极作用，还会传递消极信号。执行制度的关键在于执行力，制度的效用取决于制度执行力。

一、制度面前人人平等

制度面前人人平等。这是年轻干部强化制度执行力的一项重要基本原则。年轻干部强化制度执行力，必须坚持这一原则，确立"例外即破坏"的意识。如果违背或忽视了这一原则，选择性地执行制度，制度就会成为"稻草人"，成为"橡皮泥"。

（一）平等是制度本身的内在要求

人类平等的思想源远流长。但是，最早在制度上体现平等的观念，则源于古希腊。

公元前594年，梭伦执掌了雅典的国家政权。当时，雅典的阶级矛盾特别复杂，贫富差距悬殊。穷人和富人的冲突已经到了白热化的程度，利益矛盾异常尖锐。

穷人希望平分富人的土地和财富，而富人却不愿意放弃自己得到的任何利益。

梭伦非常清楚，这种白热化的矛盾冲突如果不能有效解决的话，就会爆发内战，从而使整个城邦倾覆。

在守成已经无法解决矛盾的时候，梭伦选择了改革，并通过立法的形式来解决问题。

梭伦在诗中写道："我拿着一只大盾，保护两方，不让任何一方不公正地占据优势。""制定法律，无贵无贱，一视同仁，直道而行，人人各得其所。"这种平等的观念在他所制定的法律中得到了体现。

这种贯彻平等观念的法律有效地化解了穷人和富人当时已经白热化的冲突，使梭伦成为一个深受雅典人欢迎的革新人物。

在法律上体现平等的观念，是梭伦对法律制度制定的一大贡献。

而事实上，平等也是制度本身的内在要求。因为制度实质上就是存在于组织系统中相关成员之间的一种平等的契约关系。为什么说平等是制度本身的内在要求呢？

第一，制度的设计，不是针对个别人，而是针对一般人。也就是说，它是一般人的行为规范。

第二，制度所预设的行为对象，不是特定事件，而是一般事件。

制度的这种普适性特征，决定了制度的制定必须贯穿平等的观念。

在制度的框架之内，人人都可以自由活动；但如果背离了制度的框架，就要受到制度的惩处。

（二）平等意味着人的制度地位相同

在制度面前，人的地位是平等的。譬如，《中华人民共和国道路交通安全法》规定，"红灯表示禁止通行，绿灯表示准许通行"。每一个社会成员都要平等地遵守这一规定。请看我国第一任公安部部长罗瑞卿的一段逸事：

1950年春季的一天，罗瑞卿去火车站接外宾。

当他赶到车站时，火车已经到了。随行的老姚来不及去买站台票，就对检票员说："我们是公安部来的，来接客人。"检票员点点头，让罗瑞卿一行进了站。

在回来的路上，罗瑞卿忽然问老姚："你进站时买站台票了吗？"老姚说："当时来不及啦！"罗瑞卿又问："那么出站时为什么不补票？"老姚回："忘了。"

罗瑞卿把客人送到招待所后，对老姚说："现在你就到车站去，补交三张站台票。公安人员应当做守法的模范，不能有特权思想。中国人有句古话：'不以恶小而为之，不以善小而不为。'要防微杜渐嘛！"

一张站台票虽然事小、钱少，但罗瑞卿却不因"事小、钱少"而疏忽大意。他知道"千里之堤，毁于蚁穴"，知道在制度面前人人平等，因此，毫不犹豫地让随行的老姚补了票。这种认真遵守制度的精神值得我们每一位年轻干部学习。

（三）平等意味着任何人都没有特权

正当的制度，是公共利益的体现。它反映了绝大多数社会成员的愿望和意志。因此，任何组织和个人都没有超越这一制度的特权。任何超越制度的特权行为，都是背离了制度面前人人平等的基本原则。因此，任何人都要平等地遵守制度，不能违背制度。在这方面，许多老一辈无产阶级革命家为年轻干部做出了很好的榜样。

任弼时在世时，国家实行的是供给制。因此，他经常检查自己的菜金是否超标，检查生活用品是否超过规定。

他一再叮嘱身边的工作人员，任何事情都不能违反制度，一丝一毫也不能特殊。

无产阶级革命家罗荣桓因操劳过度，健康状况受到很大影响。然而，他却不因自己身体状况不佳而安心享受待遇。即使是在身患重病期间，他想到的仍然是党和国家的利益，仍然想着执行制度规定。

一次，他出院回家，看见家里多了四张躺椅，便问秘书："这躺椅是从哪里搞来的？"秘书告诉他："这是总后送来的。"罗荣桓问："给钱了吗？"秘书说："没有。"

罗荣桓一听说没付钱，立刻要秘书把躺椅送回去。秘书解释说："总后的首长说你身体不好，办完公好躺着休息休息。"罗荣桓说："乱弹琴，我一个人害病，用得着四张躺椅吗？都给我搬回去！"秘书作难了，不想去退。"不退也行！"罗荣桓说，"但一定要照价给钱，用我的薪金。"就这样，照价付款以后，躺椅才留了下来。

罗荣桓心脏病很严重，常常因发病而起不了床。医生为了能让他在床上工作方便些，就从医院给他借来一张摇床。

罗荣桓见了这张摇床，便批评医生说："医院里有那么多病人，他们比我更需要，怎么可以把医院的床随便搬到自家里来呢？"

他的夫人林月琴看医生很为难，便婉转地问："你不同意借，咱们自己出钱定做一张行不行？""那当然行了。"罗荣桓痛快地答应道。后来，罗荣桓自己拿出400元，定制了一张摇床。

二、让守制度成为习惯

让守制度成为做事、生活的习惯，是守制度的最高境界。哲人有言："播种一种行为，收获一种习惯；播种一种习惯，收获一种性格；播种一种性格，收获一种命运！"年轻干部要让守制度成为做事、生活的习惯。

（一）培养制度意识

年轻干部要让守制度成为习惯，必须培养制度意识。所谓制度意识，就是制度具有权威性，要自觉服从制度安排；制度具有平等性，不在制度面前搞例外、搞特权；制度具有约束性，要依据制度而行，在制度的约束下，做好该做的事情。

年轻干部培养制度意识，应该注意以下四个层面的内容。

第一，知晓制度。英国著名思想家温斯坦莱曾经说过："假如有很好的法律，但人民不了解它们，这对共和国来说就像没有任何法律一样糟糕。"

我曾经在一篇文章中看到这样一段话："人可以没有见识，但不可没有知识；人可以没有知识，但不可没有常识。"我们培养制度意识，可以从知晓制度的常识开始。

年轻干部要想不走错路、不走弯路，必须铺设好自己的人生轨道。这就要注意学习制度，增强法治、纪律观念。否则，便会因为不知制度而走错路、走弯路。

第二，认同制度。认同，意味着接受。只有认同制度，接受制度，才能形成制度意识，并内化为自觉的行动。事实上，世上任何有意识的行为都是从认同开始的。

第三，遵守制度。制度重在遵守。没有对制度的遵守，制度也就失去了它存在的意义。

年轻干部培养制度意识，就是要以制度为自己的行为准则。即使是在没有外力推动、没有人监督的情况下，也能自觉遵守制度。中国加入世界贸易组织首席谈判代表龙永图曾经讲过这样一件事：

在瑞士的一天，龙永图去一个公园上公厕。在公厕里，他听到隔间传出奇怪的声响。

出门后，一位女士焦急地问他看没看见一个进去多时的男孩。龙永图返身走进厕所，敲开隔间的门，只见一个七八岁的小男孩正满头大汗地摆弄着马桶的抽水器。

龙永图问："小朋友你在干啥？你妈妈在外面等你。"

小男孩答："这马桶抽不出水来，我不能就这样走了。"

龙永图震惊了：这是一种什么意识？公厕的抽水器坏了，这小男孩完全可以一走了之，他却没有这么做。

在我国的温州乐清，也发生过这样一件事：甘女士发现自己在楼道里的花盆被打碎了。看监控，有个男孩在楼道玩篮球时，打坏了甘女士家的花盆。他一看自己闯祸了，挠挠头不知所措，犹豫纠结了一会儿，他离开了。但过一会儿他又回来了。他把一张纸条和10元钱放在另一个花盆的底部。纸条上写道："嘿，伙计，抱歉打坏了你的爱花，不知道它多少钱和对你的价值。如果价值高的话请联系我。"后面留下了联系方式。结尾是4个大字："非常抱歉"。甘女士后来了解到，这孩子是专门到楼下小店换了现金回来赔偿的。

这两个男孩在无人监督的情况下，能够自觉地遵守社会公德，真是难能可贵。

第四，维护制度。培养制度意识，不仅要知晓、认同、遵守制度，还要维护制度，这样制度意识才能真正形成。

维护制度，就是要能自觉地抵制各种不遵守制度的现象。在德国汉堡，中国驻汉堡的一位副总领事曾经历过这样一件事：

那是他刚来汉堡时，一次他在限速的公路上超速了几秒钟，为的是越过前面德国人开的一辆车去转弯。

转弯后，他发现被超过的这辆德国人开的车在他后面紧追不舍，一直追了一个半小时。

到了领事馆下车后，他问这个德国人为什么一直跟着他。这个德国人对他说："我追了你一个半小时，就是想问你一句话，你为什么要超速？"

从这位德国人的行为中，我们看到了他维护制度的精神。不言而喻，这就是制度意识。

（二）坚守制度至上

1764年的一天深夜，一场大火烧毁了哈佛大学的图书馆，很多珍贵的书籍毁于一旦。

第二天，这场重大火灾事故传遍了整个校园，师生们痛心疾首。

突发的火灾，把一名普通学生推到了一个特殊的位置，他不得不作出抉择。

因为在火灾发生之前，他违反图书馆制度，悄悄地把哈佛牧师捐赠的一本书带出了图书馆。

火灾发生之后，这本书成了哈佛牧师捐赠的250本书中的唯一珍本。

怎么办？是神不知鬼不觉地据为己有，还是光明坦荡地承认错误？

经过一番激烈的思想斗争，他惴惴不安地敲开了校长霍里厄克办公室的大门。他说明了理由之后，把书还给了学校。

霍里厄克校长郑重地收下了那本书，并对他的勇气和诚实予以褒奖。但随后将他开除出校，因为他违反了学校图书馆的制度。

这就是制度至上。在制度面前，任何人都没有特权、没有例外，任何人都要受到制度的约束。

（三）提高道德素养

制度需要道德来支撑。因为制度是人制定的，也是需要人来遵守的。

制度再严密，也不可能做到"天衣无缝"。因此，如果没有道德的支撑，制度就很容易被人钻空子。有人就有可能在有人监督时遵守制度，在没有人监督时不遵守制度。所以，让守制度成为习惯，必须以道德素养的提高为基础。

德国著名哲学家康德曾说过一句非常富有诗意的话："有两种东西，我对它们的思考越是深沉和持久，它们在我心灵中唤起的惊奇和敬畏就会日新月异，不断增长，这就是我头上的星空和心中的道德定律。"这句话被刻在康德的墓碑上。

"头上的星空"与"心中的道德定律"为什么能唤起"惊奇和敬畏"？因为它们都与我们人类的生存息息相关。"头上的星空"是外在的自然规律，"心中的道德定律"是内在的道德良知。

人类要生存、要发展，不仅要顺从外在的自然规律，还要遵从内在的道德良知。否则，就会受到严厉的惩罚。因此，人类需要像敬畏外在的自然规律一样敬畏内在的道德良知。

三、严格遵守党纪国法

年轻干部强化制度执行力，其核心要义是要严守党纪国法，确保其成为刚性约束。所谓刚性约束，是指强制性的约束与限制。

（一）党的干部生命安全的重要保障

党的干部是有两个生命的：一是自然生命，二是政治生命。政治生命靠什么来守护？答案很明确：要靠党纪国法来守护。换句话来讲，党纪国法是年轻干部政治生命的安全保障。

陈云讲："可否不要纪律呢？如果不要也可以，那就是毛主席讲的六个字：'亡党亡国亡头'，就一定不可避免。"[1]

陈云的话虽然是1943年3月所讲，但在新时代，对年轻干部依然具有警示意义。

马克思早就告诫我们："必须绝对保持党的纪律，否则将一事无成。"邓小平曾经提醒党的干部，"理想和纪律特别重要"[2]。

---

[1] 《陈云文选》第一卷，人民出版社1995年版，第275页。
[2] 《邓小平文选》第三卷，人民出版社1993年版，第110页。

习近平总书记强调:"党纪国法不能成为'橡皮泥'、'稻草人',违纪违法都要受到追究。"①

年轻干部如果不遵守党纪国法,轻者,落马,身陷囹圄不可避免;重者,"亡头"不可避免。

第十八届中央政治局原委员、重庆市委原书记孙政才为什么被判处无期徒刑,剥夺政治权利终身,并处没收个人全部财产?就是因为他不遵守党纪国法。

"经查,孙政才动摇理想信念,背弃党的宗旨,丧失政治立场,严重违反党的政治纪律和政治规矩;严重违反中央八项规定和群众纪律,讲排场、搞特权;严重违反组织纪律,选人用人唯亲唯利,泄露组织秘密;严重违反廉洁纪律,利用职权和影响为他人谋取利益,本人或伙同特定关系人收受巨额财物,为亲属经营活动谋取巨额利益,收受贵重礼品;严重违反工作纪律,官僚主义严重,庸懒无为;严重违反生活纪律,腐化堕落,搞权色交易。"②

"经审理查明:2002年至2017年,被告人孙政才在担任中共北京市顺义区委书记、市委常委、市委秘书长、农业部部长、中共吉林省委书记、中央政治局委员、重庆市委书记期间,利用职务上的便利,为有关单位和个人在工程中标、项目审批、企业经营及职务提拔调整等方面提供帮助,单独或者伙同特定关系人非法收受他人财物,共计

---

① 《习近平总书记系列重要讲话读本》,人民出版社2016年版,第99页。
② 《中共中央决定给予孙政才开除党籍、开除公职处分 将孙政才涉嫌犯罪问题及线索移送司法机关依法处理》,新华网2017年9月29日。

折合人民币1.7亿余元。"①

　　孙政才在落马前的仕途，可谓顺风顺水，39岁时便担任北京市委常委、秘书长兼市直机关工委书记，晋升为副省级干部；43岁时担任农业部部长，擢升正部级干部，随后成为中央政治局委员、重庆市委书记。但是，他目无党纪国法，最终被判处无期徒刑。

　　党纪国法不仅是年轻干部政治生命的安全保障，也是其自然生命的安全保障。

　　河北省国税局原局长李真41岁时就在注射死刑执行车上结束了他年轻的生命，就是因为他目无党纪国法。

　　李真可谓少年得志，28岁即成为河北省主要负责人之一的秘书，5年间升为厅级干部，34岁成为全国最年轻的正厅级国税局局长。

　　"李真得志便猖狂。"这话绝对没有任何夸张的成分。下面摘取的一个片段，就足以窥见一斑。

　　李真乘坐的汽车或驾驶的汽车在马路上行驶，他从来没有红绿灯的概念。年纪大的警察都认识李真的车，见其闯红灯，也只能装作没看见，任其扬长而去。

　　一次，有位新警察刚刚上岗。他看见有一辆小轿车闯红灯，便上前示意停车，想纠正违章。

　　李真把车窗玻璃摇了下来，随口吐了这个警察一脸唾沫，然后驾

① 《第十八届中央政治局原委员、重庆市委原书记孙政才受贿案一审公开宣判》，新华网2018年5月8日。

车扬长而去。这个警察知道了李真的背景之后，敢怒而不敢言。

李真在进监狱之前曾对新华社记者乔云华讲："我'弄'起钱来近乎疯狂。"

他想"弄"到的钱，必须弄到自己的口袋里。下面是李真跟新华社记者乔云华的一段对话：

乔：我从办案人员那里了解到，1999年，你已经知道中纪委开始查你，晚上睡不好觉了，在这风声如此紧张的情况下，为什么你还敢收受工程中介费？

李：是对钱的占有欲驱使着我。在膨胀的财富欲的驱使下，我几乎不假思索地诉诸权力，更助长了收钱的欲望，甚至觉得不收白不收。遇到工程项目就想弄钱，如果不弄到这笔钱，就感到焦躁，坐卧不宁。

乔：收钱的"意志力"变得很强了？

李：是。不管遇到什么阻力，都要去实现既定的目标。在搞这些工程时，我推荐的工程队，不管下面遭多大的难也得用。如当地市领导不同意，我就出面；国税局内部有不同声音，我就去讲。反正那时想弄到的钱，必须弄到手。

经查实，李真在担任河北省委办公厅秘书、副主任、省国税局副局长、局长期间，利用职务之便，接受他人的请托，为他人谋取利益，索取和非法收受财物折合人民币共计676万余元、美元16万余元。李真还伙同他人共同侵吞中国东方租赁有限公司河北省办事处、秦皇岛中兴电子有限公司股份和尼瓦利斯有限公司股份共计人民币几千万元。

多行不义必自毙。李真为他的猖狂付出了生命的代价。

（二）遵守党纪执行党章是关键

习近平总书记指出："党章是党的总章程，集中体现了党的性质和宗旨、党的理论和路线方针政策、党的重要主张，规定了党的重要制度和体制机制，是全党必须共同遵守的根本行为规范。没有规矩，不成方圆。党章就是党的根本大法，是全党必须遵循的总规矩。"[1]

党章是党内其他准则制定的总依据，是党员加强党性修养的根本标准。党章集中体现了党的基本理论和政治主张，集中体现了党的整体意志和理想，为党在思想上政治上的统一提供了根本准则。因此，年轻干部遵守党的纪律和党内规矩，要从学习和执行党章入手。

第一，认真学习党章。党章对党的性质、宗旨、指导思想、奋斗纲领和重大方针政策都作出了明确规定，对党员的权利和义务作出了明确规定，对党的制度和各级党组织的行为规范作出了明确规定，对党的各级领导干部的基本条件作出了明确规定，对党的纪律作出了明确规定。对这些重要内容，党的年轻干部都要全面了解和准确掌握。

第二，严格执行党章。党的年轻干部学习党章，不是为了学习而

---

①　习近平:《认真学习党章 严格遵守党章》,《人民日报》2012年11月20日。

学习，而是为了执行党章而学习。习近平总书记指出："一切学习都不是为学而学，学习的目的全在于应用。宋代学者朱熹说过：'为学之实，固在践履。苟徒知而不行，诚与不学无异。'这句话的意思是说，学习的目的在于实践，如果只是明白道理而不去做，那么学与不学就没有什么区别了。"①因此，党的年轻干部学习党章还必须严格执行党章。

第三，做认真学习党章、严格执行党章的表率。习近平总书记要求："凡是党章规定党员必须做到的，领导干部要首先做到；凡是党章规定党员不能做的，领导干部要带头不做。要严格按照党章规定的党员领导干部必须具备的六项基本条件，提高自身素质和能力，经常检查和弥补自身不足。"②这就是说，党的年轻干部要做认真学习党章、严格执行党章的表率。

（三）紧握法律法规戒尺

2015年2月2日，在中央党校举办的省部级主要领导干部学习贯彻十八届四中全会精神，全面推进依法治国专题研讨班开班式上，习近平总书记指出："各级领导干部在推进依法治国方面肩负着重要责任，全面依法治国，必须抓住领导干部这个'关键少数'。"③他还

---

① 习近平：《勤学善思 学以致用 提高战略思考和政治决断能力》，《学习时报》2013年4月28日。
② 《习近平关于严明党的纪律和规矩论述摘编》，中央文献出版社、中国方正出版社2016年版，第93页。
③ 《习近平关于社会主义政治建设论述摘编》，中央文献出版社2017年版，第96页。

要求：“各级领导干部尤其要弄明白法律规定我们怎么用权，什么事能干，什么事不能干，心中高悬法律的明镜，手中紧握法律的戒尺，知晓为官做事的尺度。”①

第一，法律尊严不容挑战。权威可以挑战，法律尊严不容挑战。权威，有着不同的义项。比如，使人信从的力量和威望；在某种范围里最有地位的人或事情。

即使是位高权重之人，挑战法律的尊严也必定会受到法律的惩处。

我国是社会主义法治国家，法律的尊严是不容践踏、不容挑战的。谁挑战了法律，谁就将受到法律的惩处。所以，年轻干部应该清楚，你可以挑战其他方面的权威，但绝对不能挑战法律的权威。

法律在国家、社会中具有至高无上的权威，任何组织和个人都不允许有超越宪法和法律的特权。

1980年8月18日，中共中央政治局召开扩大会议。在这次扩大会议上，邓小平发表了重要讲话。他在讲话中指出：“公民在法律和制度面前人人平等，党员在党章和党纪面前人人平等。人人有依法规定的平等权利和义务，谁也不能占便宜，谁也不能犯法。不管谁犯了法，都要由公安机关依法侦查，司法机关依法办理，任何人都不许干扰法律的实施，任何犯了法的人都不能逍遥法外。谁也不能违反党章党纪，不管谁违反，都要受到纪律处分，也不许任何人干扰党纪的执

---

① 毛卫平：《习近平治国理政思想的新境界》，《学习时报》2016年8月8日。

行，不许任何违反党纪的人逍遥于纪律制裁之外。"①

2012年12月4日，习近平总书记在首都各界纪念现行宪法公布施行30周年大会上发表了重要讲话。他在讲话中也指出："任何组织或者个人，都不得有超越宪法和法律的特权。一切违反宪法和法律的行为，都必须予以追究。"②

第二，法律面前人人平等。党的十八届四中全会通过了《中共中央关于全面推进依法治国若干重大问题的决定》（以下简称《决定》）。《决定》提出了实现全面推进依法治国总目标的五项原则，其中第三个原则就是，"坚持法律面前人人平等"。《决定》指出："平等是社会主义法律的基本属性。任何组织和个人都必须尊重宪法法律权威，都必须在宪法法律范围内活动，都必须依照宪法法律行使权力或权利、履行职责或义务，都不得有超越宪法法律的特权。必须维护国家法制统一、尊严、权威，切实保证宪法法律有效实施，绝不允许任何人以任何借口任何形式以言代法、以权压法、徇私枉法。必须以规范和约束公权力为重点，加大监督力度，做到有权必有责、用权受监督、违法必追究，坚决纠正有法不依、执法不严、违法不究行为。"

"法律面前人人平等"这句话的含义，概括说来，包括三个方面的内容：

一是任何人都一律平等地享有宪法和法律规定的各项权利，同时

---

① 《邓小平文选》第二卷，人民出版社1994年版，第332页。
② 习近平：《在首都各界纪念现行宪法公布施行30周年大会上的讲话》，人民出版社2012年版，第6页。

也都必须平等地履行宪法和法律所规定的各项义务。这就是说，不管你是农民还是工人，不管你是教师还是领导干部，都平等地享有宪法和法律规定的各项权利，并平等地履行宪法和法律所规定的各项义务。

二是任何人违法都必须受到追究。这就是说，任何人不论其地位有多高、权力有多大、身份有多特殊，一旦违法犯罪都要受到法律的制裁，决不允许任何违法犯罪分子逍遥法外。一些位高权重、钱多势众的人也因为违法犯罪，都受到了法律的制裁。

三是任何组织和个人都不允许有超越法律之上的特权。这就是说，任何组织和个人都必须以宪法法律为根本活动准则，都必须依照宪法法律行使自己的权力或权利、履行自己的职责或义务，都不得违反宪法法律。

第三，依法使用公共权力。《决定》指出："各级领导干部要对法律怀有敬畏之心，牢记法律红线不可逾越、法律底线不可触碰，带头遵守法律，带头依法办事，不得违法行使权力，更不能以言代法、以权压法、徇私枉法。"年轻干部依法使用权力，要在以下几个方面着力。

一是确立法治观念。观念决定行为，行为决定结果。我国是一个有着"人治"传统的国家，古代儒家就主张为政在人，对社会成员强调道德教化，强调能人治国，在一定程度上忽视了法律、制度的约束作用。

"人治"在社会政治生活中的表现，是权大于法、高度集权专制，过度依赖个人的权威。

年轻干部依法使用权力，要将这种"人治"观念转变为"法治"观念。

所谓法治观念，就是想问题、办事情、作决策都要严格执行法律的规定。

二是要把对法律的尊崇敬畏转化成思维方式和行为方式。2013年2月23日，习近平总书记在十八届中央政治局第四次集体学习时强调："各级领导机关和领导干部要提高运用法治思维和法治方式的能力，努力以法治凝聚改革共识、规范发展行为、促进矛盾化解、保障社会和谐。"①

《决定》也指出："党员干部是全面推进依法治国的重要组织者、推动者、实践者，要自觉提高运用法治思维和法治方式深化改革、推动发展、化解矛盾、维护稳定能力，高级干部尤其要以身作则、以上率下。"

法治思维强调思想转变，法治方式强调行为准则，这也对年轻干部在思想和操作执行层面都提出了明确的要求。

年轻干部要做到在法治之下、而不是法治之外、更不是法治之上想问题、作决策、办事情。

第四，明确权力行使的边界。每一位年轻干部的手里，都掌握着一定的权力。这种权力是一种公共权力。作为公共权力，其行使是有

---

① 《习近平关于全面依法治国论述摘编》，中央文献出版社2015年版，第110页。

一定边界的，不是随心所欲的。公共权力行使的边界，应该止于法律的限定。这种边界，不能因其行使的良好动机而消失，而应该始终以法律的限定为界限。

因此，年轻干部要明晰法律授予了什么权力，其边界在哪里，其行使的程序又是什么，如果不依法行使权力将承担什么样的责任，等等，提高依照法定权限、程序行使权力的素养。

强化工作执行力的方法

每一位在岗位上工作的年轻干部，都有具体的岗位职责，都肩负着上级组织和上级领导部署的工作任务的重担。年轻干部要完满地履行好岗位职责，圆满地完成上级组织和上级领导部署的工作任务，需要有超强的工作执行力。

一、坚守职业道德

职业道德，是所有从业人员在职业活动中应该遵循的行为准则。年轻干部要强化工作执行力，首先要坚守职业道德。

职业道德是一般社会道德在职业生活中的特殊要求，带有该职业明显的特征，执教要有"师德"，行医要有"医德"，从艺要有"艺德"，经商要有"商德"，做"官"要有"官德"，等等。

（一）热爱工作岗位并有崇高的敬业精神

爱岗敬业是社会主义职业道德中一个最普遍、最重要的要求，是职业道德的基本精神。在任何部门、任何岗位上工作的年轻干部都应该爱岗敬业。

科学实验证明，在客观条件相同的情况下，劳动质量的优劣，工作效果的高低，起决定作用的因素是从业者的态度。

从业者热爱自己的工作，以积极进取的精神兢兢业业地去从事本职工作，那他的工作就会做得非常出色。相反，从业者厌烦自己的工作，以消极怠工的态度去"撞钟"，那他的工作就会做得非常糟糕。因此，职业道德要求的首要一点，就是劳动者要热爱自己的工作岗位并有崇高的敬业精神。不论他从事的是何种工作，他都应该全身心地热爱，全身心地投入，对本职工作保持积极乐观的态度，保持对工作高度负责、尽心竭力的精神。而不应该以自己对本职工作没兴趣为借口，得过且过；也不应该以本职工作经济效益低为托词，消极怠工。

有一位心理学家说过："对一个喜欢自己的工作并认为它很有价值的人来说，工作便成为生活中的一个十分愉快的部分。"的确，年轻干部如果热爱自己的工作岗位，他就会对工作表现出主动、认真的态度，工作就会成为他生活的第一需要，从而有效地影响他的工作执行力。

（二）把诚实守信作为"为政之本"

中华民族历来就有崇尚诚实守信的美德，认为它是道德的基础。诚实守信具有丰富的内涵，并能渗透到社会生活的各个领域，从而派生出其他的道德品行。诚实守信渗透到社会各个行业之中，就形成了美好的职业道德。

自古以来，诚信就被人们视为"为政之本""做人之道""经商之基"。

诚信是治理国家、管理社会的法宝。著名史学家司马光明确指出："夫信者，人君之大宝也。国保于民，民保于信；非信无以使民，非民无以守国。是故古之王者不欺四海，霸者不欺四邻，善为国者不欺其民，善为家者不欺其亲。不善者反之，欺其邻国，欺其百姓，甚者欺其兄弟，欺其父子。上不信下，下不信上，上下离心，以至于败。所利不能药其所伤，所获不能补其所亡，岂不哀哉！"①

在司马光看来，"信"是治理国家、管理社会的法宝。要想保住国家的政权，必须取信于民。如果国与国之间、上与下之间、家庭亲属之间都相互欺骗，互不信任，就会分崩离析。国家之间就要爆发战争，国家政权就不会稳固，家道就会衰落。即使是用欺骗带来短暂好处，也不能医治因欺骗所带来的创伤，不能弥补因欺骗所遭受的损失。

事实证明，诚信的确是治国理政的法宝。有了这一法宝，才能外敌不敢欺，内寇不敢骗，国家安宁，百姓团结。正因为如此，有识之士都注重诚信治国理政。

年轻干部作为党和政府的执政骨干，肩负着治理国家、管理社会、服务人民的重任，必须诚实守信，才能不负党和人民的重托，履行好岗位职责。

---

① 〔宋〕司马光编著：《资治通鉴》卷二，中华书局2013年版，第48页。

就工作执行力而言，年轻干部把诚实守信作为"为政之本"，就要信守诺言，兑现承诺，这也是诚信之"信"的根本要求。如果只有信誓旦旦的承诺，而没有身体力行的兑现，所谓承诺就是一张空头支票，没有任何价值。

信守诺言，兑现承诺，是忠实地遵守所承诺的话，并践行所承诺的事情。古人云："一言既出，驷马难追。""一言九鼎，一诺千金。"既然承诺了，就要忠实地遵守，就要想方设法去兑现，去执行。

信守诺言，兑现承诺，无论是对于个人、组织，还是对于国家，都非常重要。

一个人如果只是信口开河，而不去兑现，就会失去别人的尊重和信任；一家企业如果总是靠虚假广告来坑蒙客户，就会失去客户的支持；一个组织如果只是空喊美好的社会理想，而不去践行，就会失去公信力。

（三）秉公办事，公平、公正地处理问题

秉公办事，公平、公正地处理问题，简言之，就是办事公道。

办事公道，是一种追求公正、公平、公开的道德行为的体现。它要求年轻干部在本职工作中，要以国家法律、法规、纪律、规章以及公共道德准则为标准，遵守执行本职工作所制定的行为准则，平等待人，不以私害公。

办事不公道，实际上是把那些应该服务于全社会、全体人民的职业，变成只服务于社会某一部分人的职业，甚至变成谋取私利的工

具，使这些职业的社会性质发生根本的扭曲和改变。因此，办事公道，应是年轻干部在工作中执行的一条基本原则和道德准则。

第一，遵纪守法，坚持原则。遵纪守法，坚持原则是指从业人员要无一例外地按照国家法纪法规和职业纪律、规章行使职业权力，履行职业义务。简言之，就是遵循国家法律，严守职业纪律。

遵纪守法，坚持原则是年轻干部必须具备的最起码的道德品质。年轻干部只有遵纪守法，坚持原则，才能扶持正气，顶住歪风。否则，正气不长，邪气必生，长此以往就会丧失公道。

第二，廉洁奉公，不徇私情。廉洁奉公，不徇私情，是指公职人员不借职权职务之便而损公肥私，多贪多占。

不徇私情是公正的思想基础。只有不徇私情，才能用人唯贤，才能处事公道，才能深得民心。

廉洁奉公，不徇私情，对于年轻干部来说，是"慎独""修身"、自我约束、洁身自好、清白无瑕的道德风范在职业活动中的体现。

廉洁奉公，不徇私情，要求年轻干部根据自身工作特点，在实际工作中，不侵犯公共财物，不损害公共利益，不贪图便宜，不假公济私，要做到公私分明、办事公道；要求年轻干部，说话办事一定要出于公心，不以个人好恶处事。请看老一辈无产阶级革命家谢觉哉是怎样做的。

谢觉哉，是延安著名的"五老"之一。他参加过长征，一生忠于党，忠于人民，为民谋利，不谋私利。

新中国成立后，谢觉哉担任了中央人民政府的第一任内务部长。

　　上任后不久，他在老家县城工作的二儿子来到了北京，希望父亲给他在北京安排个工作。

　　谢觉哉对他讲："全国刚解放，上头下头都需要人。你有文化，还是回家乡去工作好。"

　　二儿子听从了父亲的劝说，回到本县从事教育工作。

　　不久，谢觉哉在家乡务农的大儿子也来到北京，向父亲提出要在北京参加工作的要求。

　　谢觉哉对他说："作田人还是要的。"于是，他又把大儿子送回了乡下。

　　后来，老家的亲戚也陆续来找谢觉哉，请他开后门，找工作。谢觉哉都没有答应。

　　他对亲戚们说："你要我安排你的工作，除非我回来当百姓，你来当部长。"

　　作为内务部部长，谢觉哉给自己的两个儿子和老家的亲戚在北京安排一份工作不是一件难事。但谢觉哉却拒绝这样做，因为他知道，自己手中的权力只能为民众谋利益，不能为自己和亲人谋取私利。他常常对子女们说："我是共产党人，你们是共产党人的子女，不许有特权思想。"

　　"为党献身常汲汲，与民谋利更孜孜"，这是延安时期人们向谢觉哉祝寿时赠送他的诗句。谢觉哉的一生，是不谋私利、廉洁奉公、艰苦朴素、甘做人民的公仆的一生。

　　第三，照章办事，平等待人。年轻干部在处理个人和群众以及群众和群众之间的关系的问题上，要公平对待，一视同仁，不论职位高低，关系亲疏，一律热情服务，一律按党的方针政策办事，按规章制度办事，该解决的就解决，该怎么办的就怎么办，决不搞拉关系、走后门那一套，决不以关系远近来定夺事情。

二、敢于攻坚克难

"欲揽瓷器活，必有金刚钻。"年轻干部要增强工作执行力，还必须敢于攻坚克难。当今，我们面对的是百年未有之大变局，这会给工作执行带来前所未有的难度。年轻干部只有敢于攻坚克难，才能在工作执行中所向披靡。

（一）培养斗争精神，掌握斗争本领

"加强干部斗争精神和斗争本领养成，着力增强防风险、迎挑战、抗打压能力，带头担当作为，做到平常时候看得出来、关键时刻站得出来、危难关头豁得出来。"[1] 这是习近平总书记在党的二十大报告中对各级干部提出的要求。

---

[1] 习近平：《高举中国特色社会主义伟大旗帜 为全面建设社会主义现代化国家而团结奋斗——在中国共产党第二十次全国代表大会上的报告》，人民出版社2022年版，第66—67页。

第一，培养斗争精神，掌握斗争本领，要把握斗争方向，这是前提。斗争方向错了，就会适得其反。共产党人的斗争大方向就是坚持中国共产党领导和我国社会主义制度不动摇，这是大是大非的问题。年轻干部面对大是大非问题，态度必须坚决，行动必须果断，要敢于亮剑，进行坚决斗争。

第二，培养斗争精神，掌握斗争本领，要坚定斗争立场，这是灵魂。斗争立场错了，就会失去意义。共产党人斗争的目的是实现人民对美好生活的向往，是建设社会主义现代化国家、实现中华民族伟大复兴，说到底是为了人民的根本利益。年轻干部必须坚持以人民为中心的斗争立场，与一切危害党和人民利益的行为作坚决斗争。

第三，培养斗争精神，掌握斗争本领，要讲求斗争艺术，这是关键。不懂得斗争艺术，效果就会大打折扣。年轻干部要掌握马克思主义哲学，善于抓主要矛盾、抓矛盾的主要方面；要掌握科学领导方法，坚持有理有利有节，合理选择斗争方式、把握斗争火候，在原则问题上寸步不让，在策略问题上灵活机动；要掌握形势变化，根据形势需要，及时调整斗争策略。

（二）主动迎接挑战，勇敢亮出宝剑

年轻干部是否具有斗争精神，是需要在实践中检验判断的。具有斗争精神的年轻干部，在执行工作任务的过程中，不管是面对困难挫折，还是面对歪风邪气，都能主动迎接挑战，勇敢地亮出自身的宝剑。

"勇敢地亮出自身的宝剑"，是一种勇气，是一种胆量，是一种担当，更是一种斗争精神。狭路相逢勇者胜。

王瑛就是一位主动迎接挑战，勇敢亮出宝剑的年轻干部。王瑛曾经担任南江县委常委、组织部长、纪委书记，不管是做组织工作还是做纪检工作，她都是以超强的工作执行力来忠诚履职。

2001年3月，王瑛担任了南江县委常委、组织部长。她主持全县组织工作不到一个月，南江县开始了撤区并乡工作。"撤区并乡"是一项新的机构改革措施，这项改革措施也关系南江县2000多名干部的前程和去留问题，稍有不慎，就会影响到社会的稳定。

王瑛深感肩上担子的沉重。她用一个多月的时间深入全县40多个乡镇，白天调查了解情况，晚上又与同事一起加班研究对策。由于过度劳累，一天晚上，她回家后在浴室里摔倒了，头碰到门框上摔破了，医生在伤口处缝了8针，凌晨3点她才回到家中。第二天早上，王瑛准时出现在了办公室。

2003年5月，王瑛担任南江县纪委书记期间，她指挥调查一起重大案件。在办案的过程中，各种阻力接踵而至。有人甚至扬言："敢查这个案子，你几爷子是不想活了。"王瑛没有被吓倒，她鼓励办案人员："自古邪不压正，只要我们坚持一查到底，真相终将大白于天下。"

王瑛亲自跟主要涉案人员进行谈话，相继突破3个关键人物，使案件查办取得实质性进展。经过两个多月的奋战，这起重大案件得以结案，10个违纪违法者受到应有的法律制裁和党政纪处分。

2018年12月18日，党中央、国务院授予王瑛"改革先锋"称号，颁授"改革先锋"奖章，王瑛还获评"全面从严治党中纪检监察干部的优秀代表"。

（三）唯有不被征服，才能战而胜之

电视剧《亮剑》中的主角人物李云龙曾经对他的士兵说过："我最喜欢狼，它又凶又猾，尤其是一群狼更可怕，就连老虎见了也要怕它三分。我希望我的部下也能变成狼，一群有着共同信念的狼。"

作为年轻干部，即便你平日里温文尔雅、文质彬彬，但面对工作执行中的难题，则必须改变自己，让自己变成一头有信念的"狼"，具有狼性精神。要知道，打仗的输赢，全看你是一头狼，还是一只羊。

狼，是一个狠角色。狼性精神是一种带有野性的拼搏精神。这种精神突出表现在以下几个方面。

有着超强的嗅觉和敏锐的洞察力。在草原上，哪里有羊群，哪里就有狼，哪里有能被猎食的动物，哪里就有狼。它们能眼观六路，耳听八方，对周围任何事物最细微的变化都不会放过，即使是风吹草动，也难以逃出狼的眼睛。

年轻干部面对执行工作中的难题，也应该具有超强的嗅觉和敏锐的洞察力，能嗅出难题产生的根源在哪里，能洞察出其软肋、瓶颈、短板在哪里，然后果断出击。

有着极强的韧性和忍耐力。姜戎在他所著的《狼图腾》一书中这

样描述狼：

　　突然，狼群开始总攻。最西边的两条大狼在一条白脖白胸狼王的率领下，闪电般地冲向靠近黄羊群的一个突出山包，显然这是三面包围线的最后一个缺口。抢占了这个山包，包围圈就成形了。这一组狼的突然行动，就像发出三枚全线出击的信号弹。憋足劲的狼群从草丛中一跃而起，从东、西、北三面向黄羊群猛冲。陈阵从来没有亲眼见过如此恐怖的战争进攻。人的军队在冲锋的时候，会齐声狂呼冲啊杀啊；狗群在冲锋的时候，也会狂吠乱吼，以壮声威，以吓敌胆，但这是胆虚或不自信的表现。而狼群冲锋却悄然无声，没有一声呐喊，没有一声狼嗥。可是在天地之间，人与动物眼里、心里和胆里却都充满了世上最原始、最残忍、最负盛名的恐怖：狼来了！

　　在高草中嗖嗖飞奔的狼群，像几十枚破浪高速潜行的鱼雷，运载着最锋利、最刺心刺胆的狼牙和狼的目光，向黄羊群冲去。

　　撑得已跑不动的黄羊，惊吓得东倒西歪。速度是黄羊抗击狼群的主要武器，一旦丧失了速度，黄羊群几乎就是一群绵羊或一堆羊肉。陈阵心想，此时黄羊见到狼群，一定比他第一次见到狼群的恐惧程度更剧更甚。大部分的黄羊一定早已灵魂出窍，魂飞腾格里了。许多黄羊竟然站在原地发抖，有的羊居然双膝一跪栽倒在地上，急慌慌地伸吐舌头，抖晃短尾。[1]

透过姜戎的描述，我们不难看出狼的韧性和忍耐力。狼群如此艰苦卓绝地按捺住暂时的饥饿和贪欲，耐心地等到了多年不遇的最佳战机，然后，轻而易举地解除了黄羊的武装。

海尔集团创始人张瑞敏在读了《狼图腾》之后很感慨，他觉得狼的许多难以置信的战法很值得借鉴。其一，不打无准备之仗，踩点、埋伏、攻击、打围、堵截，组织严密，很有章法。其二，找准最佳时机出击，保存实力，麻痹对方，并在其最不易跑动时突然出击，置对方于死地。其三，最值得称道的是战斗中的团队精神，协同作战，甚至不惜为了胜利粉身碎骨，以身殉职。商战中这种对手是最具杀伤力的。

年轻干部面对工作执行中的难题，也必须具有极强的韧性和忍耐力，打有准备之仗。"按捺住暂时的饥饿和贪欲"，不盲目出手，出手就是雷霆闪电，将难题劈开，将难题照通透。

有着不被征服的战斗力。狼永远不会被驯服，即使在动物园里，它也会保持着野性。马戏团有狮子和老虎，但是从来没有狼。狼为战斗而生，即使死也要死在战斗中。它们知道只有战斗才有生存的希望，而逃跑唯有一死。

---

[1] 姜戎：《狼图腾》，北京十月文艺出版社2020年版，第28页。

年轻干部要想战胜工作执行中的难题，也必须具有不被征服的战斗力。唯有不被征服，才能战而胜之。红军长征就是一部表现红军永不会被征服的史诗。

正如习近平总书记在纪念红军长征胜利80周年大会上的讲话中所说："长征途中，英雄的红军，血战湘江，四渡赤水，巧渡金沙江，强渡大渡河，飞夺泸定桥，鏖战独树镇，勇克包座，转战乌蒙山，击退上百万穷凶极恶的追兵阻敌，征服空气稀薄的冰山雪岭，穿越渺无人烟的沼泽草地，纵横十余省，长驱二万五千里。"①

二万五千里长征途中，"红军将士同敌人进行了600余次战役战斗，跨越近百条江河，攀越40余座高山险峰，其中海拔4000米以上的雪山就有20余座，穿越了被称为'死亡陷阱'的茫茫草地，用顽强意志征服了人类生存极限"②。

三、把工作当事业

一个人为事业而工作，心中会始终充满激情。"激情像糨糊一样，可让你在艰难困苦的场合里紧紧地把自己粘在这里，坚持到底。它是

---

① 习近平:《在纪念红军长征胜利80周年大会上的讲话》，人民出版社2016年版，第3页。
② 习近平:《在纪念红军长征胜利80周年大会上的讲话》，人民出版社2016年版，第8页。

在别人说你'不行'时，能在内心里发出'我行'的有力声音。"美国作家拉夫尔·爱默生的话说出了对工作怀有激情的意义。

（一）"慢马定律"的警示

心理学上有个著名的"慢马定律"，说的是两匹马各自拉着一辆货车，随着主人去远行。其中一匹马一路上艰难而卖力地驾着车奔跑，另外一匹马则跟在后面慢腾腾地走着。

主人嫌第二匹马走得慢，就把它拉的货物搬了一些放到第一匹马的车上。

慢马看了非常得意，走了一会儿，脚步故意放得更慢了。后来，主人干脆就把它拉的货物全都搬到了快马的货车上。

慢马暗自得意地想："它真傻，这么卖力活该被折磨，看我现在多舒服！"

可主人却想："既然一匹马就能拉车，我干吗还要养两匹呢？"

于是，那匹慢马就被卖给了屠宰场。

这个著名的"慢马定律"警示人们，如果你在工作中偷懒耍滑，那么，你离被抛弃的日子就不远了。

年轻干部要避免被抛弃，就得强化工作执行力，就要对自己所担负的工作怀有满腔的热忱，不当消极怠工的"慢马"。

热忱是一种具有矢量性的精神力量，是人们奋斗的原动力。它可以调动人们积极主动工作的态度，有了这种态度，枯燥的工作会变得有趣；它可以帮助人们增添克服困难的勇气，有了这种勇气，即使是困难的工作，也会变得简单易做。

具有超强工作执行力的年轻干部，都是对工作怀有满腔热忱的人。他们能用100%的热忱去做1%的事情，而不去计较那1%的事情的微不足道；他们能用100%的热忱去对待任何一项工作，而不去考虑那项工作的报酬如何。因为他们相信，有耕耘必有收获；100%的热忱投入，一定能带来丰硕的果实。

对工作的热忱是可以培养的。对工作的热忱的培养，主要靠自身的修炼。因此，你想对工作怀有满腔的热忱，你就应该时刻提醒自己，你正在从事的工作，是你最喜欢的工作，也是最有意义的一项工作。

当你对工作怀有满腔的热忱时就会发现，你的工作是那么有意义，那么有价值。与此同时，你的潜能会得到充分调动，积极主动性会得到充分发挥，你也会有意想不到的收获。

当你对工作怀有满腔的热忱时就会发现，你的工作不再是一种负担，而是一种快乐的活动。为快乐的活动而工作，即使是最平凡的事情，也会变得意义非凡；即使是最简单的工作，你也不会掉以轻心。

有一位名人说过这样的话："要想获得这个世界上最大的奖赏，你必须像最伟大的开拓者一样，将所拥有的梦想转化成为实现梦想而献身的热忱，以此来发展和销售自己的才能。"

这位名人的话说得很实在，也很直白。你想实现自己的梦想，施展自己的才华，让你的才华为世人所承认，你就得付出全部的热忱。

一个对工作没有热忱的年轻干部难有可能高质量、高速度地完成组织分配的工作，更难有可能创造辉煌的业绩。

（二）对工作怀有敬畏

在一个建筑工地上，有三个工人正在工作。这时，有人走过来问他们在干什么。甲工人回答："我在砌砖头。"乙工人回答："我在盖房子。"丙工人则充满激情地说："我正在建造一座雄伟的殿堂。"

三个人的回答显示了他们对工作的不同态度。甲工人是为工作而工作；乙工人是为生活而工作；丙工人则是为理想、为事业而工作。

不同的态度决定了三个人不同的命运。若干年后，甲、乙工人依然是普通的建筑工人，而丙工人则成了一位著名的建筑师。

这个故事告诉我们，无论我们从事的是什么样的工作，要想获得成功，就得把它当作事业去做。

把每一项工作都当成事业去做，就要对工作怀有敬畏。所谓敬畏工作，就是敬重自己的工作，以虔诚之心对待自己的工作。

早在2000多年前，荀子就说过："百事之成也，必在敬之；其败也，必在慢之。"用我们今天的话来说就是，对工作怀有敬畏之心，是各项事业成功的基础；怠慢轻视自己的工作，是导致事业失败的重要因素。

对工作怀有敬畏，就要保持对本职工作的信念并追求岗位的社会价值。

随着社会生产力的不断发展，社会分工越来越细，职业也就越来越具有多样性。职业虽然多样，却没有高低贵贱之分。因此，对工作怀有敬畏的根本，就是从业者要保持对本职工作的信念并追求岗位的社会价值，不管这一职位隶属于哪一级，不管这一岗位归谁管，不管这一工作是体力劳动还是脑力劳动，始终坚信自己所从事的工作是最有意义的、最有价值的。只有这样，才能尽心尽力地做好本职工作。

工作本身并没有贵贱之分，但对工作的态度却有好坏之别。工作态度的好坏之别，决定着工作效果的好坏。如果你在工作时，想的只是薪水，想的只是应付领导，那么，你所能做的只能是"砌砖头"，而且砖头你也不一定能砌得好；如果你不单单是为了薪水而工作，还为你的理想、为你的组织而工作，把手中的工作当成事业来做，那么，即使你是在做砌砖头的工作，你也会砌得比别人更漂亮。

（三）做工作尽职尽责

年轻干部把工作当事业，做工作就要尽职尽责。英国的一家报纸曾经刊登了一则招聘教师的广告。其中有这样一句话："工作很轻松，但要全心投入，尽职尽责。"

不仅当教师需要全心投入，尽职尽责，做任何工作都需如此。那么，如何"全心投入，尽职尽责"呢？

第一，要树立正确的职业观。正确的职业观是"全心投入，尽职尽责"的前提。北宋有一位诗人名叫张耒，他有感于邻家以卖饼为职业的孩子的辛勤，为儿子写下了一首诗。诗中有这样两句："业无高卑志当坚，男儿有求安得闲！"

张耒在诗中明确表达了职业无高低贵贱之分的观点。这不仅在当时是难能可贵的，就是在今天对我们也有教育意义。

在社会主义社会，职业只有分工的不同，没有高低贵贱之分。不管你是当科学家，还是做清洁工，抑或当部长，都是为人民服务。刘少奇曾经握着掏粪工人时传祥的手说："你掏大粪是人民勤务员，我当主席也是人民勤务员。"① 每一位年轻干部都应该以正确的态度对待自己的岗位，对待自己的职业。

邓子恢曾任国务院副总理、中共中央农村工作部部长。他对孩子们要求很严格，要求他们像普通家庭的孩子一样爱岗敬业，为人民服务。

1969年底，他的小儿子建生参加了中国人民解放军。到部队后，建生被分配到养猪场工作。邓子恢知道后，马上给建生写了一封信，勉励儿子要尽职尽责做好部队交给的任务，并找了一些记载养猪模范的先进事迹和科学养猪经验的书籍，寄给建生。

建生看了父亲的信，深受教育。他在养猪的岗位上踏踏实实地做了起来，成为一名优秀的养猪能手。

由一个人对职业的态度可以看出他的品性，从邓子恢对待儿子职业的态度，我们看到了他的高尚情操。

第二，培养干一行、爱一行的精神。美国著名思想家巴士卡里雅说过："你在哪个位置，就应该热爱这个位置，因为这里就是你发展的起点。"年轻干部要坚信，如果你对自己的工作发自内心地热爱，

---

① 《刘少奇年谱（1898—1969）》下卷，中央文献出版社1996年版，第466页。

即使是在平凡的岗位上，你也能创造出不平凡的业绩来。

曾任大庆石油管理局勘探开发研究院院长的王启民，就是一位在平凡的岗位上创造出不平凡业绩的人。

王启民是浙江省湖州人，1961年8月，他从北京石油学院毕业后来到了大庆油田地质指挥所工作。一到大庆，他就被铁人王进喜"宁可少活二十年，拼命也要拿下大油田"的钢铁誓言激励着。他和所里几个同伴写下了一副气势豪迈的对联："莫看毛头小伙子，敢笑天下第一流"，横批为"闯将在此"。他们还特意将"闯"字中的"马"字写得大大的，突破了"门"框。王启民下定决心："我们就是要靠自己的力量，闯出中国自己的油田开发之路！"从此，他开始了在油田的奋斗之路。

20世纪60年代，他提出的"高效注水开采方法"，打破了当时国内外普遍采用的"温和注水"开采方式，开创出中低含水阶段油田稳产的新路子。70年代，他主持进行的"分层开采、接替稳产"开发试验，使水驱采收率提高了10%至15%。90年代，他组织实施的"大庆油田高含水期稳油控水系统工程"结构调整技术，创立了油田高含水后期"控液稳产"的新模式。

王启民的不懈奋斗为大庆油田创造了巨大的经济效益，仅"表外储层"开发研究成果就相当于为大庆增加了一个地质储量7.4亿吨的大油田，按2亿吨的可采储量计算，价值2000多亿元。

王启民实现了他的工作目标："靠自己的力量，闯出中国自己的油田开发之路！"而实现这一目标的背后，是他的不懈奋斗。

比如，为了向表外储层要资源，王启民带领试验组先后打了21口探井，结果，全部宣告失败。面对挫折，王启民没有气馁，他带领试验组继续拼搏。他白天和工人一起上井测试、作业，一口井一口井地搜集资料；晚上在帐篷中分析数据，画出地下油层的连通图。一次，一口井要下封隔器，可由于下雨汽车进不了井场，他和一位同事硬是走了好几公里路把封隔器背到现场。当他放下手中的封隔器时，因劳累和类风湿强直性脊椎炎发作，他的腰许久直不起来。经过52次封窜、堵水，终于使19口井都达到了正常产量。

王启民经过研究认为，要保持油田持续高产稳产，必须有一整套油田开发方法及配套的工艺技术来作为保证。

为此，王启民从1970年开始就率领研究人员到中区西部进行了长达10年之久的接替稳产试验。这10年间，他和其他研究人员一道施工作业，逐井取样化验，分析数据，经常一干就是通宵达旦。夏夜，工地上蚊子成群；冬季，帐篷里满是冰霜。他以前野外作业落下的风湿病复发加重，每天不得不弯着腰。同事们心疼他，劝他回家养病，他说："我是组长，最了解试验方案和进展情况，怎么能走呢？"

经过3000多个日日夜夜，保持油田持续高产稳产的油田开发方法及配套的工艺技术，终于被研发出来。

1985年，王启民被国家人事部命名为"中青年有突出贡献专家"；1996年8月27日，王启民被大庆石油管理局党委命名为"新时期铁人"；2009年9月14日，王启民被评为"100位新中国成立以来感动中国人物"之一；2019年9月17日，国家主席习近平签署主席令，授予王启民"人民楷模"国家荣誉称号；2019年9月，王启民被授予"最美奋斗者"称号。

年轻干部要增强工作执行力，应该向王启民学习，培养自己干一行、爱一行的精神。只有干一行、爱一行，才能认认真真钻一行，才能全心投入地搞好工作，出成绩、出效益，把工作任务落实执行到位。

第三，保持对工作高度负责的精神。美国巴顿将军说得好："任何人，不管从事何种职业，如果满足于碌碌无为，就是不忠于自己。"

作为年轻干部，应该对工作高度负责，将自己的全部精力、全部知识、全部智慧都奉献给自己所从事的工作。这不仅是忠于工作，也是忠于自己。有这样一则故事：

有一个小和尚在寺院担任撞钟之职。按照寺院的规定，他每天必须在早上和黄昏各撞一次钟。

开始时，小和尚撞钟还比较认真。但半年之后，小和尚觉得撞钟的工作太单调，很无聊。于是，他就"做一天和尚撞一天钟"了。

一天，寺院的住持忽然宣布要将他调到后院劈柴挑水，不用他再撞钟了。

小和尚觉得奇怪，就问住持："难道我撞的钟不准时、不响亮？"住持告诉他："你的钟撞得很响，但钟声空泛、疲软，因为你心中没有理解撞钟的意义。钟声不仅仅是寺里作息的准绳，更为重要的是唤醒沉迷的众生。因此，钟声不仅要洪亮，还要圆润、浑厚、深沉、悠远。一个人心中无钟，即是无佛，如果不虔诚，怎么能担当撞钟之职？"

小和尚听后，面有愧色，此后，他潜心修炼，终成一代名僧。

小和尚为什么会被主持免除撞钟之职？因为他对工作没有高度负责的精神，他撞出的钟声空泛、疲软。

一个"做一天和尚撞一天钟"的年轻干部，也是早晚会被"免除撞钟之职"的。

第七章

卓越执行的路径与方法

"我们不但要提出任务，而且要解决完成任务的方法问题。我们的任务是过河，但是没有桥或没有船就不能过。不解决桥或船的问题，过河就是一句空话。不解决方法问题，任务也只是瞎说一顿。"①这是毛泽东在《关心群众生活，注意工作方法》一文中所说的一段话。执行，需要有正确的路径与方法。

一、马上就办，不要去寻找任何借口

《孙子兵法》中有一个重要的原则，就是"兵贵神速"。当年，习近平同志在福州市委书记任上，就提出"马上就办"的执行理念。要高效地执行，"马上就办"是一个非常重要的秘诀。有了任务马上就办，是提升执行效率的重要方法。有人说，栽一棵树的最好时间是10年前，第二个最好的时间是现在。"长安何处在，只在马蹄下"。

---

① 《毛泽东选集》第一卷，人民出版社1991年版，第139页。

令行禁止、雷厉风行，是做各项事业无往而不胜的重要保证。

（一）现在就做才是成功的秘诀

有人曾经向一位企业老总请教"成功的秘诀"。这位老总告诉他："现在就做。"

犹太教典籍《塔木德》记载着这样一则故事。

有三只青蛙掉进了鲜奶桶中，第一只青蛙说："这是神的意志。"于是，它盘起后腿，一动不动，静静地等待着。

第二只青蛙说："这桶太深，没有希望出去了。"于是，它在绝望中慢慢死去。

第三只青蛙说："尽管掉到鲜奶桶里，可我的后腿还能动。"于是，它奋力地往上跳起来。它一边在奶里划，一边跳，慢慢地，它觉得自己的后腿碰上了硬硬的东西，原来是鲜奶在自己后腿的搅拌下，渐渐地变成奶油了。凭着奶油的支撑，第三只青蛙跳出了奶桶。

第一只和第二只青蛙都是坐以待毙，而第三只青蛙凭着自己的努力，跳出了奶桶。

这就是行动和不行动的最本质区别。行动了，你有百分之五十的希望，不行动，百分之百没有希望。

清朝人彭端淑著有《为学》一文，文章中讲的故事，会让我们受到启迪。

"蜀之鄙有二僧,其一贫,其一富。贫者语于富者曰:'吾欲之南海,何如?'富者曰:'子何恃而往?'曰:'吾一瓶一钵足矣。'富者曰:'吾数年来欲买舟而下,犹未能也。子何恃而往!'越明年,贫者自南海还,以告富者,富者有惭色。"

这段话的意思是:"四川边境有两个和尚,一个贫穷,一个富有。一天,穷和尚对富和尚说:'我想去南海,你看怎么样?'富和尚说:'你靠什么去呢?'穷和尚说:'我靠着一个水瓶和一个饭钵就足够了。'富和尚说:'我几年来都想买船而南下,还没有能够去成。你凭借什么去!'到了第二年,穷和尚从南海回来了,把游历的过程告诉了富和尚,富和尚显出了惭愧的神色。"

四川距离南海,有几千里路之遥,富和尚不能去,但是,穷和尚却到达了那里。看来,问题不在能不能去,而在是否真正行动。

常言道:"路虽近,不行不至;事虽小,不做不成。"上级作出了正确的决策之后,执行者就要把握"速度制胜"的原则,立即行动。

(二)立即行动不是盲目行动

立即行动不是盲目行动,行动需要有思想指引。这就需要年轻干部有政治领悟力。

领悟,是领会晓悟。政治领悟力,在中国共产党执政、新时代的语境下来说,就是对马克思主义基本原理的领会晓悟,就是对党的理论、路线、方针、政策的领会晓悟，就是对习近平新时代中国特色社会主义思想的领会晓悟。

年轻干部领悟了马克思主义基本原理，领悟了党的理论、路线、方针、政策，领悟了习近平新时代中国特色社会主义思想，行动上就有了正确的指南；执行时，就有了正确的思想指引。这样，年轻干部在执行时，就会站稳正确的政治立场、把握正确的政治方向。

（三）立即行动要以目标为导向

执行的关键不是做事，而是要把事情做成，最终达成目标。因此，年轻干部在执行时，一定要有结果思维。

所谓结果思维，就是人们在做任何事情之前，都要明确做这件事情的目的和效果是什么，并思考用什么样的过程来确保结果的实现。

心中有"结果"，才知道应该怎样"开始"，这就是所谓"以终为始"原则。终，是最终的结果；始，是开始的计划。"以终为始"，就是从最终的结果出发，寻求对策，从而达成结果。

结果思维，会让执行者以结果为导向来优化过程，从而保证预期目的的达成、预期结果的实现。

战国时，齐威王与田忌赛马，两个人各出上、中、下等马三匹。比赛时，上等马对上等马，中等马对中等马，下等马对下等马。由于齐威王的马无论哪一等都比田忌的马强，结果，田忌三战三败。

田忌的好友著名的谋略家孙膑知道这件事之后，便给田忌出了个主意。田忌觉得这个主意不错，就请求齐威王再赛一次。

比赛开始了。这次田忌依照孙膑的计谋，以下等马对齐威王的上等马，以上等马对齐威王的中等马，以中等马对齐威王的下等马。结果，两胜一负，田忌胜了。

孙膑就是以结果为导向来优化过程，从而帮助田忌以弱胜强的。

二、关注细节，用细节保证执行结果

"细节决定成败"，这是人们常说的一句话。的确，在方向目标正确的前提下，细节决定成败。年轻干部在执行的过程中，必须重视细节。否则，就会功亏一篑。美国"哥伦比亚"号航天飞机的爆炸就是明证。

2003年2月1日，美国航天飞机"哥伦比亚"号完成了预定的任务，返回地面。就在即将着陆时，"哥伦比亚"号发生了爆炸。航天飞机上的七名宇航员全部遇难，全世界为之震惊。

事后的调查结果显示，导致这一航天灾难的凶手，是一块脱落的隔热瓦。

正是这个"细节"——隔热瓦，使得"哥伦比亚"号功亏一篑，七个宝贵的生命也因之而魂销太空。

由此可知，细节到位，才能真正落实执行到位。否则，一个小小的细节，就可能毁掉整个局面。

（一）天使在细节中

惠普公司的创始人戴维·帕卡德说："小事成就大事，细节成就完美。"天使在细节中。

周恩来总理在欢迎尼克松的晚宴上为尼克松挑选的乐曲，正是尼克松所喜欢的那首《美丽的阿美利加》，这让尼克松大为感慨。

在 20 世纪，世界上有四位伟大的建筑师，密斯·凡·德·罗就是其中的一位。

密斯·凡·德·罗认为，不管你的建筑设计方案如何恢宏大气，如果对细节的把握不到位，就不能称之为一件好作品。他说，细节的准确、生动可以成就一件伟大的作品，细节的疏忽会毁坏一个宏伟的规划。

现在，全美国最好的戏剧院有许多都是出自密斯·凡·德·罗之手。他在设计每个戏剧院时，都要精确测算每个座位与音响、舞台之间的距离，以及因为距离差异而导致的不同听觉、视觉感受，计算出哪些座位可以获得欣赏歌剧的最佳音响效果，哪些座位最适合欣赏交响乐，不同位置的座位需要做哪些调整方可达到欣赏芭蕾舞的最佳视觉效果。不仅如此，他还一个座位一个座位地亲自去测试和敲打，根据每个座位的位置测定其合适的摆放方向、大小、倾斜度、螺丝钉的位置，等等。

密斯·凡·德·罗为什么能成为一位伟大的建筑师？这就是答案。

可见，成功离不开细节的积淀。细节虽"细"，但集腋成裘，积土成山。"细"中见精神，"细"中见功力。

（二）魔鬼也在细节中

天使在细节中，魔鬼也在细节中。有许多事情功亏一篑，或不能有效落实执行，就是忽视细节所造成的。

"细小"的东西可"成大事"，亦可"乱大谋"。

1485年，英国国王理查三世准备在博斯沃斯与里士满伯爵亨利带领的军队决一死战。这是一场决定谁将统治英国的战役。

战斗进行的当天早上，理查三世命令他的马夫备好自己最喜欢的战马。

理查三世跨上战马，率领着他的士兵冲向了敌人的阵地。

谁知，他还没有冲出一半，他身下的坐骑突然马失前蹄，跌倒在地，理查三世也被掀下马背。

理查三世还没有来得及抓住缰绳，惊恐的战马就一跃而起，狂奔而去。

士兵们见理查三世跌翻在地，纷纷转身逃跑，亨利的军队包围了上来。

理查三世挥舞着宝剑，对着苍天大喊："马！一匹马！我的国家倾覆就因为这一匹马。"

战斗结束了，查理三世成了俘虏。

理查三世的坐骑为什么在激烈的战斗中马失前蹄？原来，是他的马夫在匆忙中少给马掌钉了一颗铁钉。莎士比亚的名句："马，马，一马失社稷！"说的就是这件事。于是，便有了以下的说法：

少了一个铁钉，丢了一只马掌；

少了一只马掌，丢了一匹战马；

少了一匹战马，败了一场战役；

败了一场战役，失了一个国家。

一个国家统治权的丧失，就源于少了一个马掌钉。这就是人们常说的："千里之堤可以毁于蚁穴，九仞之山可以功亏一篑。"魔鬼也在细节中。

（三）以工匠精神做事

工匠精神，是精雕细琢、精益求精、认真执着的敬业精神。年轻干部要用细节保证执行的结果，工匠精神不可或缺。以工匠精神做事，才能避免应付、搪塞。

应付了事，是一些人常犯的毛病。他们做一天和尚撞一天钟，对于组织布置的工作，从不认真去做，而是敷衍塞责，做一些表面文章来应付。

应付了事的工作态度对组织所造成的危害，远远超过拒绝执行。如果他拒绝执行，领导会重新安排其他人员来替换他的工作。但如果他接受了任务而应付了事，则会使领导遭受蒙蔽，最终不能有效地完成工作任务。

事实上，对工作应付搪塞，在坑害组织的同时，也会坑害自己。请看下面的故事。

有个老木匠向老板申请退休，说是要回家与妻子儿女享受天伦之乐。

老板答应了他的请求，但要求他再帮忙建造一座房子，老木匠同意了。

老木匠虽然身在工地，但心已不在工作上。他用的材料很差，活干得很粗。

房子终于建好了。当他向老板交差的时候，老板把大门的钥匙递给了他。老板对他说："感谢你多年来为公司所做的贡献，这座房子是我送给你的礼物，请把你的家人接来居住吧！"

老木匠被惊得目瞪口呆，羞愧得无地自容。他为自己的敷衍塞责而后悔。

作为年轻干部，如果你不想把自己困在因敷衍塞责而造成的粗制滥造的"房子"里，你就必须以工匠精神做事。

以工匠精神做事，才能克服马虎轻率的毛病。马虎轻率的毛病是执行中的大忌。稍微的马虎轻率，都可能导致灾难，酿成大祸。胶济铁路列车相撞事故就是如此。

2008年4月28日4时41分，北京开往青岛的T195次旅客列车运行至山东境内胶济铁路周村至王村间时脱线，第9节至第17节车厢在铁路弯道处脱轨，冲向上行线路基外侧。此时，正常运行的烟台至徐州的5034次旅客列车来不及刹车，最终以每小时70公里的速度与脱轨车辆发生撞击，机车（内燃机车编号DF11-0400）和第1至第5节车厢脱轨。该事故共造成72人死亡，416人受伤。

事故调查组认为，这是一起典型的人为责任事故。事发列车在限速80公里/时的路段上实际时速居然达到了131公里/时，这就是说，超速51公里/时。

很显然，如果事发列车的司机认真执行规定不超速的话，则不会发生这样一起严重的火车相撞事故。教训非常深刻。

三、事前谋划，制订缜密的执行计划

"凡事豫则立，不豫则废。言前定则不跲，事前定则不困，行前定则不疚，道前定则不穷。"这段话出自《中庸》，意思是说，凡事有准备，就能成功，没有准备，就会失败。说话如果先有准备，就会畅达无窒碍；事情如果预先定好，就不会陷于困境；行为如果先有定夺，做出后就不会愧疚；道路如果预先定好，就不会走投无路。

这里阐明的是这样一个道理：无论做什么事情，要想成功，必须事先有准备。执行也是如此，必须事前谋划，确定缜密的执行路径。

（一）不打无准备之仗

"必须注意不打无准备之仗，不打无把握之仗，每战都应力求有准备，力求在敌我条件对比上有胜利之把握。"①这是1947年9月1日毛泽东为中共中央起草的对党内的指示中的一段话。

事前谋划，确定缜密的执行路径，就是要打有准备之仗，打有把握之仗。

有人曾经请教巴顿将军："你为什么能打胜仗？"他说是因为打仗前先有一个计划。那人又问他："你为什么每次都能打胜仗？"他接下来说："因为我每次都有一个好的计划。"人家请教他还有什么秘诀，他就说："我有一个缜密完善的计划。"

巴顿将军此言应该不虚。将军要想打胜仗，必须具有缜密完善的作战计划。

决策目标的落实、工作任务的完成，也是如此。为在某段时间内完成预定目标或工作任务，任务承担者必须作出预想性部署和安排，并见之于文字，以保证工作的顺利有序进行，并为将来的工作检查和总结提供重要的依据。

在现代社会化大生产的条件下，生产技术复杂、劳动分工细密，部门之间、生产环节之间的协作十分紧密。如果没有缜密的计划，彼此之间就不能相互协调，团队中的各项活动也就不能有条不紊地进行。

因此，无论是单位，还是个人，做事，尤其是做大事，必须有缜密而切实可行的计划。只有预先做好了安排，有了打算，才能合理地

---

① 《毛泽东选集》第四卷，人民出版社1991年版，第1233页。

安排人力、物力、财力和时间，使工作、活动有条不紊地进行，高效率地把事情办好。否则，就会招致失败。

史罗马在《无谬管理》一书中指出："对一件方案，宁可延误其计划之时间以确保日后执行之成功，切勿在毫无适切的轮廓之前即草率开始执行，而终于导致错失该方案之目标。"

磨刀不误砍柴工。你用于计划的时间越长，你完成工作所需要的时间就越短。这两个时间存在着极大的相关性和互补性。

（二）采用目标分解的策略

火箭飞向月球需要一定的速度。科学家经过精密的计算得出结论：火箭的自重至少要达到100万吨。而如此笨重的庞然大物是无论如何也没有办法飞向天空的。因此，在很长的一段时间里，科学界都一致认定：按这种重量，火箭是根本不可能被送上月球的。

后来，苏联科学家康斯坦丁·齐奥尔科夫斯基提出了火箭分级的设想，终于使问题得到了解决。

所谓火箭分级，就是将火箭分成若干级，让第一级火箭先燃烧，当第一级火箭燃尽了全部推进剂以后，就把它丢弃，随之点燃第二级火箭……这样，火箭的其他部分就能轻松地逼近月球了。

火箭分级的设计思想启示年轻干部：在执行复杂棘手的工作任务时，可以采用目标分解的策略。所谓目标分解策略，就是把复杂棘手的工作任务分解量化为一个一个容易实现的具体目标，然后将其各个击破，最后达到总目标的实现。

　　这种方法实际上就是分阶段来解决问题。运用这种方法有助于减缓任务承担者的心理压力，从而推动工作任务的有效完成。

　　运用目标分解法来实现决策目标，落实执行工作任务，要注意把握以下三点。

　　第一，目标要量化。量化，一是指数字具体化，也就是如果某一个目标能用数字来描述，你一定要写出精确的数字；二是指形态指标化，也就是如果所确定的目标不能直接用某一个数字来描述，则必须进一步分解，将其表现形态全部用数字化指标来补充描述。

　　第二，目标要有时限。时限是指你所确定的目标，必须有一个明确的期限，可以具体到某年某月。没有时限的目标，不是一个有效的目标，你可能轻而易举地为自己找到拖延的借口，使目标实现之日变得遥遥无期。

　　第三，要管理好目标。不少人也确立了目标，但他们并没有实现，这是为什么呢？主要原因是他们对目标缺乏有效的管理。

　　年轻干部要想使自己的工作目标得以实现，就要对自己的工作目标进行有效的管理。

　　怎样管理？一是要对自己的工作目标了如指掌，二是要时刻提醒自己去努力实现工作目标，三是要经常检查自己。古人云，吾日三省吾身。一方面你要检查自己是否实现了预期的工作目标，另一方面又要用工作目标不断地来激励自己。

（三）把工作任务"模块化"

"模块化"是借用计算机行话。计算机系统无疑是复杂的。但无论多么复杂的计算机系统，都可以拆分为各自独立、简单的小系统。

年轻干部需要执行的工作任务，有时候是复杂棘手的，但你可以把它"模块化"。也就是把复杂棘手的问题拆分成一个又一个小系统，即元问题，针对每一个元问题找到直接的解决办法，复杂棘手的问题最终就会得以解决。所谓元问题，是最本质、最细小的待解决的问题。

17世纪法国著名哲学家笛卡儿认为，凡是在理性看来清楚明白的就是真的。复杂的事情看不明白，应当把它尽可能分成简单的部分，直到理性可以看清其真伪的程度。

当你把一个又一个元问题解决了，复杂棘手难题的解决就大功告成了。比如，你当了某乡的乡长，需要执行乡村振兴战略。乡村振兴的总要求，是"产业兴旺、生态宜居、乡风文明、治理有效、生活富裕"。但你所在的乡与这些要求有一定的差距，导致这差距的原因，有主观原因，有客观原因；有历史原因，有现实原因。主观原因，可能是当地人思想僵化保守、不思进取，可能是乡里原来的带头人在其位不谋其政；客观原因，可能是交通不便，可能是土地瘠薄。历史原因，可能是有不良的传统民风影响；现实原因，可能是对现代发展无感、教育条件所限；等等。

当这些问题一个一个被拆分出来之后，所对应的解决方法就有了。请看陕西省铜川市印台区红土镇惠家沟村原党支部书记郭秀明是怎样用"模块化"的方法让惠家沟村脱贫致富的。

郭秀明1991年11月8日被选为村党支部书记。当时，惠家沟村的整体情况是：全村人均年收入仅298元。有个顺口溜很能概括村里的情况："惠家沟，沟连坡，出门就爬坡，人穷光棍多。"

如何让惠家沟村脱贫致富？郭秀明与其他村干部一道，讨论了惠家沟的实际情况，讨论了致富方略如栽树、建校、修路；确定了送贫穷、迎富裕的目标工程。

在5年的时间里，郭秀明带领惠家沟人共营造用材林1700余亩，经济林650余亩，使宜林荒山绿化率达到了100%。1996年3月，惠家沟村被全国绿化委员会命名为"全国绿化千佳村"，郭秀明也被评为三北防护林建设先进个人。

郭秀明上任后，一直在思考一个问题："我们村为啥穷？穷就穷在教育没搞好，脑筋不开化上。"因此，他在植树的同时也抓起了育人工程。

郭秀明上任时，村办小学的几间瓦房早就破烂不堪。坍塌的顶棚用木棍支着，下雨漏雨，刮风漏风。郭秀明下决心要修建新学校。决心好下，实际运作却困难重重。首要的问题就是缺少资金。郭秀明又带头捐款。书记带了头，村民们也纷纷解囊。尽管他们都是囊中羞涩之人，但为了孩子，他们还是倾尽所有，全村共集资1.3万元。

建校工程开工了。为了保质保量完成工程，郭秀明一头扎进了工地。他白天既当指挥官，又当泥瓦匠；夜晚就住在工棚子里，睡麦草，连续45天没有离开过工地。在他上任的第二年的9月1日，村上有史以来的第一座楼房——2层8间的教学楼终于落成了。

惠家沟村沟坡相连，小路弯曲狭窄。看着这弯曲狭窄的小路，郭秀明想到了人们常说的一句话："要致富，修公路。"他决心将窄路拓宽，弯路修直。而在此期间发生的一件事，更坚定了他修路的决心。

1999年3月，铜川恺撒企业（集团）有限公司来红土镇办牛羊养殖基地。郭秀明听到消息，立即赶到镇里，想争取到这一项目。但他磨破了嘴，也没争取到，因为人家嫌惠家沟路窄车不好进。结果把基地选在了离公路近的松林塔。

这件事深深地触动了郭秀明。他回村后，马上动员了村里的男女老少，开始修路。他们从夏干到秋，硬是把阴坡路改成了阳坡路，将4米路拓宽到8米。恺撒企业集团老总张国安被感动了，他决定将基地扩大到惠家沟。[①]

郭秀明虽然没有明确地说他带领村民脱贫致富是用"模块化"的方法，但从理论上来看，他就是用这种方法破解了惠家沟村复杂棘手的贫困难题。栽树、建校、修路，一个一个的"模块"问题解决了，整体复杂棘手的难题就破解了。

这种运用拆解问题、把问题"模块化"的方法，是在执行中破解

---

① 参见中共中央宣传部宣传教育局编：《新时期共产党员的风采》，学习出版社2001年版，第356—366页。

复杂棘手难题的有效策略。运用这种方法，先要从整体上把握问题，然后再从顶向下拆分，把问题拆分为几个大的方面，而不要一开始就纠缠于细节。

四、管理时间，把时限作为约束条件

执行，应该有时限作为约束条件。如果没有这一约束条件，一项简单的任务，可能需要好久才能完成。用俗语说，就是"黄花菜都凉了"。所以，年轻干部必须管理好时间以保证执行，提高工作效率来促进执行。

（一）时间是执行到位的保证

有一回，马克·吐温走进教堂去听一个牧师布道。最初，他觉得牧师讲得很有力量，打算在捐款时拿出自己带来的所有钱。可是，10分钟过去了，牧师还在没完没了地讲。于是，马克·吐温改变了主意，准备只捐出很少的零钱。

又过了10分钟，牧师还在啰唆，马克·吐温决定一点钱也不给了。

等到牧师终于讲完，收款的盘子递到马克·吐温的眼前时，他气得不仅没有捐款，反而从盘子里拿走了两美元。

马克·吐温给这位牧师上了生动的一课：不能有效地管理时间的人、浪费别人时间的人，是要受到惩罚的。

的确，时间就是生命，时间就是金钱，时间就是完成工作任务、执行到位的保证。

时间是一种非常稀有的资源，这是基于它的以下特性而言的。

第一，时间无法节流。人们可以储蓄金钱、积累知识，但却无法储蓄时间。不管人们是否愿意，都得按照一定的速率消费时间，根本无法针对时间进行节流。就连孔子这位圣人都感慨："逝者如斯夫，不舍昼夜。"

第二，时间不可逆转。常言道："光阴似箭，一去不返。"时间不可能像遗失的物品那样，还有失而复得的那一天。它流逝了就永远地流逝了，不会再重来。

第三，时间无法取代。时间是一切活动赖以存在的基本资源，而且这一资源是无法用其他资源取代的。一个人即使有金钱、有技术，但如果他没有了生存的时间，他的一切活动就将停止。可以说，没有时间，人类的任何活动都将不复存在。

虽然时间是稀有资源，但真正懂得珍惜这稀有资源的人并不多，包括有的年轻干部，每天沉湎于刷手机、玩游戏、网上闲聊天。因此，有必要对年轻干部强调一下"时间管理"的概念，即如何克服时间浪费，以便有效地完成组织的既定目标。

（二）面对时间进行自我管理

所谓时间管理，管理的对象并非时间，而是面对时间而进行的自我管理。因为时间总是按着一定的速率光临与消失，所以，时间本身是无法管理的，能管理的只是享用时间的人。因此，年轻干部要想将有限的时间充分运用到实现组织目标上来，就必须珍惜时间，就应该面对时间进行自我管理。

第一，养成"先做重要的事"的习惯。半个世纪之前，曾经发生过这样一个故事：

一天，伯利恒钢铁公司总裁查尔斯·史瓦对他的管理顾问李爱菲说："请你告诉我怎样才能在办公时间内做妥更多的事，我将支付给你足够的顾问费。"

听了查尔斯·史瓦的话，李爱菲递给他一张纸，并对他说："写下你明天必须做的最重要的各项工作，并按重要性的次序编排。当你明天早上走进办公室后，先从最重要的那一项工作做起，并不断地做下去，直到做完该项工作为止。然后，你开始着手进行第二项重要的工作。即使你所进行的工作花掉了你全天的工作时间，也不必担心。只要你手中的工作是最重要的，就坚持做下去。假如你按这种方法还完成不了全部的重要工作，那么，按其他方法也同样完成不了……将上述的一切变成你每一天的工作习惯。如果这个建议有效，请你把它提供给你的部属采用。这个建议试验时间的长短，由你来决定。试验后，请将你认为这个建议所值的金钱数额用支票寄给我。"

几个星期之后，查尔斯给李爱菲寄去了一张25000美元的支票，并附言说："你给我上了极有价值的一课。"

查尔斯的朋友听说此事后，问他："为什么为一个如此简单的观念付出了那么大的代价？"查尔斯告诉他，经过李爱菲的指点，他和他的属下才开始养成"先做重要的事"的习惯。

据说伯利恒钢铁公司后来成为世界上最大的独立钢铁制造商，与李爱菲的这一席话有着很重要的关系。

"先做重要的事"，就是对时间进行管理。工作分主次，才能保证在有限的时间内完成各项工作任务。

有一位时间管理专家曾经给他的学生们做过这样一个试验：

他拿出了一个很大的广口瓶子放到桌子上。随后，他取出一堆拳头大小的石块，把它们一块块地放进瓶子里，直到石块高出瓶口再也放不下了为止。

他问学生们："瓶子满了吗？"

所有的学生答道："满了。"

他反问："真的？"说着他从桌子下取出一小桶砾石，倒了一些进去，并轻轻敲击玻璃壁，使砾石填满石块的间隙。

"现在瓶子满了吗？"

这一次学生有些明白了，"可能还没有。"一位学生低声答道。

"很好！"

他伸手从桌子下又拿出一小桶沙子，把它慢慢倒进玻璃瓶。沙子填满了石块的所有间隙。

他又一次问学生："瓶子满了吗？"

"没满！"学生们大声说。

然后，他拿过一壶水倒进玻璃瓶，直到水面与瓶口齐平。他望着学生问："这个例子说明了什么？"

一个学生举手发言："它告诉我们，无论你的时间表多么紧凑，如果你真的再加把劲，你还可以干更多的事！"

"不，那还不是它的真正寓意所在。"专家说，"这个例子告诉我们，如果你不先把大石块放进瓶子里，那么你就再也无法把它们放进去了。"

这个试验生动而形象地说明了"次序选择"的重要性。工作也是如此。

事实上，工作虽然头绪纷繁，但它们的分量是不同的，有轻有重，有缓有急。因此，年轻干部在落实执行工作任务时，要根据实际情况，区分轻重缓急，排定科学的工作次序，以便用最佳的时间处理最重要的事情。

实践中，人们认为，以下的办事次序是一个比较好的选择：

一是重要且紧迫的事；

二是重要但不紧迫的事；

三是紧迫但不重要的事；

四是不紧迫也不重要的事。

但人们做事往往先做紧迫的事情，再做重要的事情，结果重要的事情也变成紧迫的事情了。于是，他就在紧迫的事情中忙碌工作着。

第二，今日事必须今日毕。明代人文嘉有一首著名的《今日歌》，其内容是："今日复今日，今日何其少。今日又不为，此事何时了？人生百年几今日，今日不为真可惜。若言姑待明朝至，明朝又有明朝事。为君聊赋今日歌，努力请从今日始。"

这首诗歌告诉人们：一定要珍惜"今日"，今日事，今日毕。这也是年轻干部提高工作效率保证落实执行的重要途径与方法。具体来说，要求年轻干部：今天的工作不要拖到明天去做，上午的工作不要拖到下午去做，白天的事情不要拖到晚上去做。

邓小平就非常珍惜"今日"。他处理文件都是当日事当日毕，看完、批完就让秘书把文件拿走，办公室内不留文件。

"文化大革命"期间发生过这样一件事：造反派去查抄邓小平的家。在他的办公室，造反派搜了大半天，一点"稻草"都没捞着，便气鼓鼓地说："一点笔记都没有，这个总书记，也不知道是怎么当的！"

原来，他的办公室内确实干净简单，除了书籍以外，几乎什么都没有。

邓小平为今日事今日毕做出了形象的解读。工作一旦开始，就要一鼓作气地把它做完。完成一项，接着再做下一项，这样会使工作速度加快，工作任务早日完成。

为此，年轻干部在执行工作任务时，不妨给自己制定一个每日的工作时间进度表。每天都有目标、有结果，日清日新。请看海尔集团的"OEC"管理方法。

"OEC"是海尔创始人张瑞敏在学习外国企业管理经验的基础之上，结合我国的实际创造出的管理方法。它是海尔管理模式精华的浓缩，被管理学界称为海尔的"管理之剑"。

"OEC"是英文Overall Every Control and Clear的缩写。"O"即"Overall"，表示全方位；"E"即"Every"，表示每人、每天、每事；"C"即"Control"，表示控制和管理。"OEC"即全方位地对每人每天每事进行控制和管理。也简称为"三全原则"。

OEC的核心内容可以概括为：总账不漏项，事事有人管，人人都管事，管事凭效果，管人凭考核。用一句话概括OEC的核心内容，就是：日事日毕，日清日高。

所谓"日事日毕"，就是对当天发生的各种异常现象，在当天弄清原因，分清责任，及时采取有效措施进行处理，以防止问题积累，确保工作任务的真正落实执行。在海尔，曾经发生过这样一件事。

在海尔洗衣机厂，每天下班前，工人们要依照规定进行每日的清扫工作。

一天，有一位员工在清扫地面时，在地上发现了一个螺丝钉。他非常紧张，因为他知道若是地上多了一个螺丝钉，就代表着有一台洗衣机少了一个螺丝钉。这关系产品的质量，也关系企业的信誉与形象，因此他立即向上呈报。

厂长知道后，立即下令要求对当天生产的1000多台洗衣机做全部复检。

工人们经过细心检查后，发现所有成品都没有缺少螺丝钉。

大家感到很奇怪："问题到底出在哪里？"虽然已经过了下班时间，但没有一个人离开，他们还在找寻原因。

又花了两个多小时的时间，他们终于发现了原因。原来，物料仓库在发材料的时候，多发了一个螺丝钉。

所谓"日清日高"，就是对工作中的薄弱环节不断地进行改善、不断提高。公司算了一笔账，职工"坚持每天提高1%"，70天工作水平就可以提高1倍。

"日事日毕，日清日高"的载体是"3E"卡。"3E"卡，就是用来记录每个人每天对每件事的日清过程和结果的。"3E"是英文Everone、Everyday、Everthing的缩写，即每个人、每天、每件事。

每天，每个员工干完当天的工作后，必须填写"3E"卡，员工的收入跟这张卡片直接挂钩。

"3E"卡，把海尔整个的工作、大目标分解落实到每个人身上。比如，冰箱生产的每道工序，要落实到每个人头上。

海尔也是实行"3E"卡的考核，通过对企业每件事、每个人的表扬与批评来形成员工共同的价值观念，创造优秀的产品。

（三）第一次就把事情做对

"第一次就把事情做对（Do It Right The First Time）"这个概念最早是由著名管理学家克劳士比提出来的。这一概念是他著名的"零缺陷"管理理论的精髓。

所谓"第一次就把事情做对"，简单说来，就是第一次就把事情做得符合要求。

第一次就把事情做对，不仅可以有效地减少做错工作所带来的成本损失，还可以有效地避免浪费时间，提高落实执行工作任务的效率。

如果第一次没有把事情做对，就会导致原材料、金钱、时间、精力的损失和浪费。请看下面的案例：

1984年，34岁的张瑞敏走马上任，担任青岛市海尔电冰箱厂的厂长。

张瑞敏刚一上任就颁布了13条规定，从禁止随地大小便开始，揭开了海尔现代管理之路。

1985年的一天，一位客户来到海尔，说是要买一台冰箱。结果这位客户挑了很多台都有毛病，最后才勉强拉走了一台。

客户走后，张瑞敏让人把库房里的400多台冰箱全部检查了一遍。结果，他们发现这些冰箱中共有76台存在各种各样的缺陷。

张瑞敏把职工们叫到车间，问大家怎么办。多数人提出，这些缺陷不影响使用，便宜点儿卖给职工算了。当时一台冰箱的价格800多元，相当于一名职工两年的收入。

张瑞敏对职工们说："我要是允许把这76台冰箱卖了，就等于允许你们明天再生产760台这样的冰箱。"

于是，他当场宣布："这些冰箱要全部砸掉，谁干的谁来砸。"说着，他就抢起大锤亲手砸了第一锤，很多职工砸冰箱时流下了眼泪。

随后，张瑞敏发动并主持了一个又一个讨论"如何从我做起，提高产品质量"的会议，并制定了许多质量管理制度。3年以后，海尔人捧回了我国冰箱行业的第一块国家质量金奖。

这个故事是管理领域重视质量管理的一个非常经典的案例。但我们还可以作另一方面的思考：如果在生产这些冰箱时，就让它们完全符合质量要求，也就不会有这一砸冰箱事件了。

尽管这是一件变坏事为好事的事情，可是，我们也不能不承认，砸冰箱造成了原材料、时间和精力的浪费。因为原材料、时间和精力是不可逆转的。恐怕这也是海尔"很多职工砸冰箱时流下了眼泪"的一个重要原因吧！

如果第一次没有把事情做对，就会导致工作任务落实效率降低。克劳士比喜闻乐道这样一个故事：

在一次工程施工中，师傅们正在紧张地进行着工作。这时，有一位师傅手头需要一把扳手，他便对身边的小徒弟说："去，拿一把扳手来。"

小徒弟飞快地跑去找，师傅等了好长时间，才见小徒弟气喘吁吁地跑回来，拿回一把巨大的扳手说："扳手拿来了，真难找！"

师傅一看，发现这并不是他需要的扳手。于是，他生气地说："谁让你拿这么大的扳手呀？"

小徒弟没有说话，显得很委屈。这时，师傅才发现，自己叫徒弟拿扳手的时候并没有告诉徒弟自己需要多大的扳手，也没有告诉徒弟到哪里去找这样的扳手。他以为徒弟应该知道这些，可实际上徒弟并不知道。师傅明白了：问题的根源在自己，因为他并没有明确告诉徒弟做这件事情的具体要求和途径。

第二次，师傅明确地告诉徒弟，到某一库房的某个位置，拿一个多大尺码的扳手。这次，没过多久，小徒弟就把他想要的那个扳手拿回来了。

在这个故事中，小徒弟因为第一次没有把事情做对浪费了时间。当然，克劳士比讲这个故事的目的，并非只想说明这一点。他还用这个故事告诉人们：要想让执行者第一次就把事情做对，领导者或管理者则必须让他知道什么是"对"的。

修炼卓越执行力的素质

"素质"一词，最早见于生理学，指的是人的神经系统和感觉器官上的先天特点。后来，素质又被人们用来泛指事物本来具有的内在特征。

在现实中，素质的内容和范围逐渐扩大，如人的性格、毅力、兴趣、风度、知识、能力等都可以用"素质"一词来加以概括。这样，素质一般指人在一定先天禀赋基础上通过后天实践修养而形成的内在要素。

年轻干部要具有卓越执行力，必须修炼卓越执行力的素质。

一、提升政治素质，做到政治上过得硬

"选什么样的人？就是要坚持好干部标准，把政治标准放在第一位。政治标准是硬杠杠。这一条不过关，其他都不过关。如果政治不合格，能耐再大也不能用。"①习近平总书记在全国组织工作会议上所讲的这段话说明了提升政治素质、做到政治上过得硬的重要性。年轻干部要修炼卓越执行力，也必须如此。正如毛泽东所讲："政治是统帅，是灵魂"②"思想政治工作是一切工作的生命线"③"没有正确的政治观点，就等于没有灵魂"④。

（一）准确把握新时代讲政治的要求

党的二十大报告强调："全面建设社会主义现代化国家，必须有一支政治过硬、适应新时代要求、具备领导现代化建设能力的干部队伍。坚持党管干部原则，坚持德才兼备、以德为先、五湖四海、任人唯贤，把新时代好干部标准落到实处。树立选人用人正确导向，选拔忠诚干净担当的高素质专业化干部，选优配强各级领导班子。坚持把政治标准放在首位，做深做实干部政治素质考察，突出把好政治关、廉洁关。"⑤

这一要求，凸显了干部工作的政治定位，也明确了选任干部的政治标准，为年轻干部准确把握新时代讲政治的要求提供了根本的遵循。

---

① 习近平：《在全国组织工作会议上的讲话》，人民出版社2018年版，第19页。
② 《建国以来重要文献选编》第二十册，中央文献出版社1998年版，第466页。
③ 《建国以来重要文献选编》第二十册，中央文献出版社1998年版，第197页。
④ 《毛泽东文集》第七卷，人民出版社1999年版，第226页。
⑤ 习近平：《高举中国特色社会主义伟大旗帜 为全面建设社会主义现代化国家而团结奋斗——在中国共产党第二十次全国代表大会上的报告》，人民出版社2022年版，第66页。

新时代好干部的标准是"信念坚定、为民服务、勤政务实、敢于担当、清正廉洁"。这也是新时代讲政治的基本要求。

人生如屋，信念如柱。年轻干部要强化卓越执行力，必须把坚定信念作为首要前提。没有理想信念，就会失去奋斗的方向和目标。著名诗人流沙河在题为《理想》一诗中写道："理想是石，敲出星星之火；理想是火，点燃熄灭的灯；理想是灯，照亮夜行的路；理想是路，引你走到黎明……理想是罗盘，给船舶导引方向；理想是船舶，载着你出海远行……"他用形象的语言说明了理想信念的重要性。

全心全意为人民服务是党的根本宗旨。年轻干部要强化卓越执行力，必须把为民服务作为根本使命。这样，执行中才能把握住根本，始终把以人为本、执政为民贯穿到执行中，切实做到权为民所用、情为民所系、利为民所谋。

年轻干部要强化卓越执行力，还离不开恪尽职守，勤于政事，实事求是，真抓实干。唯有如此，才能抓铁有痕、踏石留印，才能避免形式主义和官僚主义，才能勤勤恳恳、踏踏实实地把党的路线方针政策落到实处，把规章制度执行到位。

责任担当是年轻干部强化卓越执行力必备的基本素质。年轻干部有责任担当，才能不辱历史使命。每种职业、每个人都有特定的、不可替代的历史使命。作为新时代党的年轻干部，其历史使命，就是要肩负起对民族的责任、对人民的责任、对党的责任，实现国家富强、民族振兴、人民幸福和人类社会的发展进步。年轻干部要履行这种历史使命，其担当精神须臾不可缺。

笔者在第二章分析执行不力的原因时说过一句话："敢不敢执行，关涉利益问题"。由此而言，清正廉洁，是年轻干部强化卓越执行力素质的关键一环。纵有千般能耐，一贪便会坠地。"坠地"了，或身陷囹圄，或被双开，还谈何执行力？另外，年轻干部唯有清正廉洁，才能在执行中突破"围猎"，以凛然正气去跟歪风邪气作斗争，去执行党的路线方针政策。

（二）把讲政治的要求内化于心、外化于行

《尚书》中有言："非知之艰，行之惟艰。"年轻干部了解新时代讲政治的要求并不难，难的是如何把这些要求内化于心、外化于行，将两者有机地统一起来，做到知行合一。

知行合一，是明朝著名思想家王阳明提出来的哲学思想。所谓知行合一，是说认识事物的道理与践行此道理是密不可分的。王阳明说："知是行的主意，行是知的工夫，知是行之始，行是知之成。""未有知而不行者，知而不行，只是未知。"

在王阳明看来，道理是行动的指导思想，而行动是指导思想实现的功，思想是行动的起始点，行动是思想的落脚点。没有真正懂得道理而不行动者，如果知道了道理而不行动，则只是没有真正懂得道理。

习近平总书记对王阳明的知行合一思想也是推崇的，他曾经多次强调"知行合一"。2013 年 7 月 11 日至 12 日，他在河北省调研指导党的群众路线教育实践活动时就强调，"开展好教育实践活动，要着

力增强思想自觉和行动自觉，引导广大党员、干部提高贯彻执行党的群众路线的自觉性和坚定性，做到以'知'促'行'、以'行'促'知'、知行合一。"①

知行合一，"知"是前提，为"行"打下基础；"行"是关键，是"知"的目的。从本质上讲，知行合一强调的是理论与实践要相统一。

年轻干部要把讲政治的基本要求内化于心、外化于行，首先必须知行合一，以"知"促"行"，按照讲政治的基本要求来指导自己的行为。没有讲政治的基本要求的正确指导，就会"盲人骑瞎马，夜半临深池"。

（三）增强讲政治的自觉性

年轻干部提升政治素质，做到政治上过得硬，必须增强讲政治的自觉性。

年轻干部讲政治，重在自觉。只有自觉讲政治，才能在社会生活中更好地践行讲政治的基本要求。年轻干部自觉讲政治就要提高对讲政治重要性的认识。

政治问题，任何时候、任何情况下都是根本性的大问题。对于政党来说，政治问题关系生死存亡；对于年轻干部而言，政治问题关系前途命运。年轻干部对此是绝对不能掉以轻心的。

---

① 《习近平总书记在河北、兰考两地调研指导党的群众路线教育实践活动报道集》，人民出版社2014年版，第5页。

第一，讲政治是政治责任。莎士比亚有言："生活如契约，每个人都有着不可推脱的责任。""天下兴亡，匹夫有责"，是要为国家尽责；"一人做事，一人当"，是要为自己负责。

讲政治，是年轻干部的政治责任。所谓政治责任，是人们在政治生活领域的责任。年轻干部作为政治活动的主体，活动于政治生活领域，就必须承担起政治责任。而讲政治，就是承担政治责任的核心要素。

第二，讲政治是党性原则。习近平总书记指出："讲政治最根本就是要讲党性，在思想政治上讲政治立场、政治方向、政治原则、政治道路，在行动实践上讲维护党中央权威、执行党的政治路线、严格遵守党的政治纪律和政治规矩。党的政治建设的首要任务，就是保证全党服从中央，坚持党中央权威和集中统一领导，绝不能有丝毫含糊和动摇。"[1]年轻干部的党性强不强，首要的就是看他是否讲政治。

第三，讲政治是立场态度。讲政治不是抽象的，而是具体的，必须体现在对待每一件事的立场和态度上，必须体现在解决突出问题的过程中。纸上谈兵的讲政治不是真正的讲政治。

1935年6月，中国工农红军第一方面军和第四方面军会师。会师后，部队混编为左右两路军。左路军由总司令朱德和总政治委员张国焘率领。这期间，朱德同张国焘分裂党和红军的活动进行了坚决的斗争。面对张国焘及其亲信的威逼，朱德坚定地表示："北上抗日是中

---

[1]　习近平：《推进党的建设新的伟大工程要一以贯之》，《求是》2019年第19期。

央的决议，中央的路线是正确的，我是举过手的，我不能反对。"[1]

朱德的立场和鲜明的态度，就是讲政治。

二、加强道德修养，增大执行实现系数

执行力不等于执行能力，执行力＝执行能力 × 实现系数。执行力的强弱，取决于实现系数的大小。比如，我能挑 100 斤，这是我的执行能力；但我的工作态度不好，我只挑 50 斤，我的执行力就是挑 50 斤的能力。这里所谓的"实现系数"，是指服从观念、忠诚精神、负责态度和诚信品质等道德品质修养。

（一）增强服从观念

军人以服从上级的命令为天职。年轻干部应该向军人学习，服从组织的决定。否则，军人就无法贯彻落实执行组织的意图，也就无法达成共同的组织目标。

决策时，可以有多种声音，大家集思广益；但在执行时，只能有一种声音：坚决服从，令行禁止。服从，就是执行者在执行的过程中，不问"为什么要我做"，只想怎么做，怎么把它做好。

---

[1] 《中国共产党史稿》第二分册，人民出版社 1983 年版，第 189 页。

年轻干部作为执行者，就要服从上级，服从组织，服从制度，自觉地接受上级的管理，接受上级的领导。

服从组织，就是要做到"四个服从"，即党员个人服从党的组织，少数服从多数，下级组织服从上级组织，全党各个组织和全体党员服从党的全国代表大会和中央委员会。

"四个服从"，最根本的就是全党服从中央。这就要求年轻干部从党性原则、人民利益的高度出发，在思想上政治上行动上同党中央保持高度一致，坚决服从党中央集中统一领导，决不能有令不行、有禁不止，更不能阳奉阴违、我行我素。

刘少奇在《在扩大的中央工作会议上的报告》中曾经讲过下面的话：

"有一个地方的党组织，曾经写信给中央说，他们要服从上级，但是，常常遇到这样的问题：如果服从了当地上级的规定，就违反了中央的政策；如果服从了中央的政策，就要违反当地上级的规定。这个党组织要求中央回答，他们应该服从哪一个上级？

"这个党组织提的问题很重要。它所以提出这样的问题，就是因为某些地方，在执行中央政策和国家计划中存在着分散主义，就是因为在那里有一些同中央政策和国家计划相抵触的规定。怎样解决这个矛盾呢？唯一的道路，就是全党都要服从中央。"①

"党员个人服从党的组织，少数服从多数，下级组织服从上级组

---

① 《刘少奇选集》下卷，人民出版社1985年版，第407页。

织，全党各个组织和全体党员服从党的全国代表大会和中央委员会"，
是党章的规定，这种服从是无条件的服从。

组织、多数、上级、中央的决策正确时自然必须服从，如果不正
确或不完全正确，怎么办？党章规定："对党的决议和政策如有不同
意见，在坚决执行的前提下，可以声明保留，并且可以把自己的意见
向党的上级组织直至中央提出。"

这就是说，在行动上必须服从，但可以向上级直至中央反映不同
的意见，也可以保留个人的意见。这就是党的政治纪律和党内规矩。
请看当年刘志丹是怎样做的。

1935年10月，在王明"左"倾冒险主义统治党中央期间，西北
根据地内发生了后果十分严重的"肃反"事件。刘志丹也成了肃反的
对象。

10月6日，正在前线的刘志丹无意间从瓦窑堡后方领导机关来的
一位通讯员的手中接到一封急信。他打开一看，竟是逮捕密令。在密
令逮捕陕甘边苏维埃政府主席习仲勋和原红二十六军、红二十七军大
部分领导人的名单上，他被列在第一名。

刘志丹对"左"倾冒险主义者这种搞迫害的卑鄙行径非常痛恨，
但是为了不使党分裂，不使红军自相残杀，不给敌人以可乘之机，他
决定把个人的安危置之度外。他把信交还通讯员后说："你把信送去，
告诉他们，我自己去瓦窑堡了。"

他本想向中共中央驻西北代表团提出申诉，但他来到瓦窑堡之
后，竟被"左"倾冒险主义者不容分辩地投入监狱。直到毛泽东、

周恩来率领中央红军到达陕北根据地，刘志丹才重获光明。

当刘志丹伤痕累累地回到家时，他的妻子同桂荣哭着骂"左"倾分子太残酷无情。刘志丹劝她不要伤心，说这是党内矛盾、内部问题，不是敌我矛盾。

同桂荣说："不是敌我矛盾还把好人朝死里整哩……，你有刀有枪，为什么不和他们斗争？"

刘志丹严肃地对她说："怎能这样说！这是党内问题。我们红军不能自相残杀。"

同桂荣问刘志丹："那你为甚不跑开，偏要来瓦窑堡。"刘志丹说："当时情况复杂，如果我带大队兵马离开，风声一走露，军心会大乱。如果在军团部逮捕我，警卫人员会动武。所以我一人骑马离开部队到瓦窑堡与他们进行说理斗争，这就避免了党和军队的分裂，没给敌人以可乘之机。"

他还告诉同桂荣："党内问题不必性急，要忠诚为党工作，让党在实际行动中鉴定每个党员。大家不要再记前仇，应该想大局，想团结，在党中央的领导下，把革命工作做好，再不要提这回事了。"①

刘志丹真的是坚决执行上级党组织的决定、维护党的团结统一的典范。他明明知道前往瓦窑堡凶多吉少，但为了避免党和军队的分裂，他还是在行动上坚决地服从上级的决定。

《中国共产党纪律处分条例》第四十六条规定，"妄议党中央大政

---

① 参见王元慎：《妻子心中的刘志丹》，《纵横》2008 年 4 月 16 日。

方针，破坏党的集中统一"属违纪行为。为什么禁止妄议中央大政方针？中纪委法规室的一位领导同志回答了这个问题。他说，党中央在制定重大方针政策时，通过不同的渠道和方式，充分听取有关党组织和党员的意见建议，但有些人"当面不说、背后乱说""会上不说、会后乱说""台上不说、台下乱说"，实际上不仅扰乱了人们的思想，有的还造成了严重后果，破坏了党的集中统一，妨碍了中央方针政策的贯彻落实，也严重违反了民主集中制的原则。无疑，应当按《中国共产党纪律处分条例》第四十六条规定给予相应的处分。

这就告诉年轻干部，中央大政方针确定之后，就要坚定不移地服从，并贯彻落实执行到位，而不能"妄议"，"妄议"就违反了党的纪律，违反了党的纪律将会受到相应的处分。

服从上级组织的决定，是落实执行的前提条件。没有服从这个前提条件，任何工作任务的落实执行都可能成为一句空话。服从，就意味着对组织的决定和部署的工作任务欣然接受，并毫无怨言地全力以赴去落实执行。

（二）锤炼忠诚精神

古今中外，人们对忠诚向来是推崇备至，认为它是做人的根基，是生命不可缺少的元素。我国清代的魏裔介说："忠诚敦厚，人之根基也。"苏联著名作家费定说："忠诚好比呼吸。它要是发生摇动，你就会立刻窒息。"

忠诚之士，也是人们广为赞叹传颂的对象。苏武"历尽难中难，心如铁石坚"的牧羊故事,岳飞"精忠报国"的事迹,文天祥"人生自古谁无死,留取丹心照汗青"的诗句之所以能够千古流传,就是明证。

美国著名作家阿尔伯特·哈伯德说:"如果能捏得起来,一盎司忠诚相当于一磅智慧。"我国也有名言:"再多的智慧也抵不过一丝的忠诚""忠诚胜于能力""世上不缺少有才干的人,而缺少有才干而又忠诚的人"。中外名人的话虽然表达形式不同,但意思都是相同的:忠诚胜过智慧,忠诚胜过能力。

第一,对党的信仰忠诚。在新时代,年轻干部对党忠诚首先要体现在对党的信仰忠诚上。马克思主义是中国共产党的坚定信仰。2016年7月1日,习近平总书记在庆祝中国共产党成立95周年大会上的讲话中指出:"无论是处于顺境还是逆境,我们党从未动摇对马克思主义的信仰。""背离或放弃马克思主义,我们党就会失去灵魂、迷失方向。在坚持马克思主义指导地位这一根本问题上,我们必须坚定不移,任何时候任何情况下都不能有丝毫动摇。"[1]

夏明翰是革命烈士,也是党的优秀年轻干部。他23岁时,就担任了中共长沙地区执委书记;24岁时,担任中共湖南省委委员,负责农委工作,后来则兼任组织部长、农民部长和长沙地委书记。

夏明翰坚定地信仰马克思主义,并且誓死捍卫马克思主义的

---

[1] 习近平:《在庆祝中国共产党成立95周年大会上的讲话》,人民出版社2016年版,第8、9页。

信仰。

1900年8月25日，夏明翰出生于湖北省秭归县，12岁随全家回乡。夏家是湖南有名的地主豪绅家庭，祖父一门心思想让夏明翰读"孔孟之道"，将来走仕途之路，但他违背祖父意愿考入了位于衡阳的湖南省立第三甲种工业学校机械科。他在学习中逐步接受了马克思主义思想，走上了革命的道路。

1920年，湖南爱国反帝和驱逐张敬尧的运动风起云涌。1920年3月，何叔衡率湖南学生驱张请愿代表团到衡阳，夏明翰领导湘南学生并发动各界全力投入驱张运动。同年秋，他到长沙，结识了毛泽东，阅读了马列主义和有关十月革命的新书刊，更加坚定了追求真理的决心。1921年8月，夏明翰由毛泽东、何叔衡介绍加入了中国共产党。

1928年3月18日，因交通员叛变告密，夏明翰在汉口东方旅社被捕。敌人软硬兼施，均未能使他屈服。20日，夏明翰在汉口余记里刑场英勇就义，牺牲时年仅28岁。临刑前，他写下了一首正气凛然的就义诗："砍头不要紧，只要主义真。杀了夏明翰，还有后来人！"这血写的诗篇字字千金、句句千钧，不仅是他伟大人格的体现，也是他崇高信念的最好表达。

新时代的年轻干部应该向夏明翰学习，坚定马克思主义的信仰。

第二，对党组织忠诚。办好中国的事情，关键在党。中国特色社会主义最本质的特征是中国共产党领导，中国特色社会主义制度的最大优势是中国共产党领导。坚持和完善党的领导，是党和国家的根本所在、命脉所在，是全国各族人民的利益所在、幸福所在。为此，年轻干部一定要坚决维护党中央权威和集中统一领导。

第三，对党的理论和路线方针政策忠诚。只有掌握科学理论才能把握正确前进方向；只有立足实际、独立自主开辟前进道路，才能不断走向胜利。在正确理论的指导下，中国共产党制定了正确的路线、方针和政策，从而为国家持续发展和长治久安奠定了坚实基础。年轻干部应当学习、发展和珍重党的理论，坚定地执行党的路线、方针和政策，这是对党忠诚的核心要义。

（三）强化负责态度

年轻干部应该把组织所提出的辉煌的前景、理想的目标，当作自己的前景、目标来追求；应该把组织所描绘的蓝图，当作自己的蓝图来描绘；应该把组织所制定的计划、措施，当作自己所肩负的责任来实施；应该把组织所制定的规章制度，当作对自己的严格要求来遵守，而不能事不关己，高高挂起。

年轻干部有了这种责任意识，才能不折不扣地贯彻落实上级组织所部署的各项工作任务，才能不畏任何艰难险阻，做好组织所分配的每一项工作。

年轻干部有了这种基本素质，就能以主动积极的态度落实好该落实的工作任务，就会认真踏实地做好自身所肩负的各项工作，兢兢业业地把它做好，做到位。著名地质学家李四光先生就是如此。

1966年，邢台发生了大地震。此时，李四光正生重病住院。他得知消息后，便不顾医生劝阻，前往震区，察看震后地貌，收集各种资料。他说，作为一个地质学家，有责任了解第一手资料，尽快探索出一套预报地震的科学方法。

从李四光的身上，我们看到了一种对工作尽职尽责的精神。正是这种精神使他成了著名的地质学家。

第一，面对工作责任，敢于肩挑重担。年轻干部要在其位，谋其政；任其职，尽其责。2018年5月，中共中央办公厅印发了《关于进一步激励广大干部新时代新担当新作为的意见》，要求各级干部要切实发挥示范表率作用，带头履职尽责，带头担当作为，带头承担责任，一级带着一级干，一级做给一级看，以担当带动担当，以作为促进作为。

四川省甘孜藏族自治州公路管理局石渠分局原副局长陈德华就是面对工作责任、敢于肩挑重担的典范。

陈德华是四川德格人，1983年参加工作。1988年，他担任了雀儿山五道班第十六任班长。

雀儿山，在甘孜藏族自治州德格县境内，主峰海拔6168米，含氧量不到平原地区的一半，年平均气温零下18摄氏度，最低气温可达零下40摄氏度，每年冰冻期长达八九个月，6级以上的山风每年要刮5个月左右。养路工们说："雀儿山，大险关，风吹石头跑，四季不长草，一步三喘气，夏天穿棉袄。"

就是在这样险恶的环境中，陈德华一干就是20年。每天，他带领全班人在平均海拔5000米的公路上，早出晚归，艰苦工作，日复一日铺路清障。

陈德华在日记里写过这样一句话："应该把自己像钉子一样铆在人们最需要的岗位上。"他践行了这一诺言。

　　每到冬天，雀儿山上白茫茫一片，道路被冰封雪锁，驾驶员们要过"生死线"、闯"鬼门关"。陈德华把保证车辆安全通行看作最神圣的职责，把个人安危抛在脑后，一旦出现险情，总是冲在最前面。他说："自己付出越多，群众离危险就越远。"

　　1995年，一场大雪覆盖了雀儿山，陈德华照例一大早起来推雪开路。然而，雪雾越来越浓，两米开外就是一片耀眼的白光，车开过来看不清路，随时都有倾覆的危险。陈德华纵身跳下推雪车，取过方钯，倒过来当拐杖，从容地走到第一辆汽车前，以自己的身躯当路标，喊声"跟过来"，便引导着汽车前进。

　　雀儿山白雪皑皑，分不清天和地，看不清路和崖，陈德华每前进一步都十分危险。他头顶呼啸的寒风，脚踩齐膝深的冰雪，心无旁骛地向前走。雪片不断钻进脖子，他冷得浑身打战，却没有退却。短短10公里路程，陈德华走了近4个小时。工友们多次要来替换他，他都坚决不同意。他说："我是老班长，我最熟。我过不去的地方，你们更过不去！"铁打的汉子，冲在战斗的一线。等把汽车引导到山下安全路段时，陈德华的嘴唇和脸颊都冻成了深紫色，整个人几乎晕厥过去。①

这是《中国交通报》记者杨红岩在题为《在"生命禁区"驻守20年，甘孜"雪山铁人"养路工——陈德华》一文中所描述的一段故事。这段故事是陈德华20年在雀儿山恪尽职守、勇挑重担的一个缩影。

"自己付出越多，群众离危险就越远。""我是老班长，我最熟。我过不去的地方，你们更过不去！"话不多，也很直白，但一个为人民群众勇挑重担、无惧风险的"雪山铁人"形象跃然纸上。

陈德华在"生命禁区"驻守20年的先进事迹，得到了党和人民的肯定。他先后被评为"全国优秀共产党员""全国劳动模范""全国交通战线劳动模范""四川省第五届十大杰出青年""全国交通系统十佳养路工"等。

陈德华为新时代的年轻干部树立了榜样。年轻干部应该向他学习，恪尽职守，勇挑重担。

第二，面对棘手难题，敢于承担风险。趋利避害是人的天性。正是由于这种天性，人们往往愿意对运行良好的事情负责，对成功的事情负责，而不愿意处理运行不良的事情或棘手的难题。

但一位具有卓越执行力的年轻干部是不惧怕担当责任的，即使这

---

① 杨红岩：《在"生命禁区"驻守20年，甘孜"雪山铁人"养路工——陈德华》，《中国交通报》2019年7月8日。

种棘手的难题责任大于天。焦裕禄就是这样的优秀干部。

面对在饥饿线上挣扎的干部和群众，焦裕禄作出了一个决定：将上级拨付的用于维修县委招待所的一万块钱，用来购买高价粮，以解燃眉之急。

但是在当时，国家的粮食统购统销是一条红线。面对可能面临的政治处分，焦裕禄斩钉截铁地说："救命要紧，出了问题我一个人扛着。"

"其实他心里很明白，当时这么做是拿自己的政治生命做赌注的，但是为了群众的切身利益，他早已经把个人的风险置之度外。最后县委常委会讨论后认为，代食品和副食品是不受粮食统购统销政策限制的，县里可以买这些救济群众。"曾经在兰考县总工会工作过的李国庆回忆说。就这样，焦裕禄让县供销社组织了148个人的采购队伍、十几辆大卡车，走了8个省，采购了粉条、苜蓿片、红薯干、蚕豆等副食品30多万公斤，将全县的干部群众从饥饿和死亡的边缘拉了回来。

"救命要紧，出了问题我一个人扛着。"在焦裕禄的心里，人民群众的生命大于天，拯救人民群众的生命就是他的责任，就是他要执行的任务。因此，他把个人的风险置之度外。

第三，培养对党和人民事业负责的责任感。早在1945年4月24日党的七大会议上，毛泽东就明确指出："我们共产党人区别于其他任何政党的又一个显著的标志，就是和最广大的人民群众取得最密切的联系。全心全意地为人民服务，一刻也不脱离群众；一切从人民的利益出发，而不是从个人或小集团的利益出发；向人民负责和向党的领导机关负责的一致性；这些就是我们的出发点。"[①]作为党的年轻干部，其工作的出发点，就是要对党和人民负责。这就需要培养对党和人民事业负责的责任感。有了这种责任感，就有了敢于承担风险的胆略和气魄。

（四）涵养诚信品质

诚信，是为人之本、兴国之基，是社会主义核心价值观的重要内容。诚信作为中华民族的传统美德，在人类个体生活和社会生活中发挥着不可替代的作用。年轻干部涵养诚信品质，至少要在以下方面有所作为。

第一，实事求是，求真务实。这是诚信要求的首要之点。实事求是，就是要搞清楚事实，不歪曲事实，不夸大、不缩小事实，一切以事实为基础和依据。

求真务实，就是一切从实际出发，想问题、办事情、作决策，都要把客观存在的实际事物作为根本出发点。

力求实事求是、求真务实，是诚信的基础和前提条件。

据《左传·襄公二十五年》记载，齐国的大臣崔杼杀了齐国的国君齐庄公，齐国的太史（负责写历史的官）据实写道："崔杼杀了国君。"崔杼看了之后很生气，命令太史改掉。太史不改，崔杼就把他

---

① 《毛泽东选集》第三卷，人民出版社1991年版，第1094—1095页。

杀了。

太史的两个弟弟先后接替他做了史官，仍旧坚持这样写，崔杼又接连把他们杀了。太史的最后一个弟弟又接任史官，还是不改。这时崔杼不敢再杀了。

这就是史官的"诚"。以实事求是、求真务实的态度来书写历史，记载事实。

第二，培养讲诚信的道德习惯。当一个人不再时时事事需要经过诚信道德思考，而是自然而然地按照一定的诚信道德要求去指导自己的行为时，他就养成了讲诚信的道德习惯。

讲诚信的道德习惯不仅是诚信道德认识、诚信道德情感、诚信道德意志、诚信道德信念的有机融合，而且是一定诚信道德行为反复积累而形成的结晶。

讲诚信的道德习惯的形成不是一蹴而就的，它是平时不断积累的结果。

诚信不应停留在口头上，而要落实到具体行动中。正如捷克著名的教育家夸美纽斯在《大教学论》中所言："德行的实现是由行为，不是由文字。"

年轻干部培养讲诚信的道德习惯，要从现在做起。遵守诚信要有紧迫感。从现在做起，就是从今天做起，想到就做到，说做就做，做就做好，为提高诚信水平而不断努力。

建设社会主义现代化文明是一个长时期的过程，由一个又一个阶段组成，每个阶段都有相应的任务，必须一个个地来加以实现。同样，我们每个人在社会上随时都会遇到各种各样的诚信问题，需要马上予以回答。可以说，我们时时处处都有可能接受诚信的考验，如果光有一个要提高诚信的愿望，没有从现在做起的行动，一切就会落空。

年轻干部培养讲诚信的道德习惯要从现在做起，主要是结合社会工作和社会生活实际，学习知晓诚信知识，掌握诚信道德原则，规范各种具体要求，并付诸实践，见于行动。

年轻干部培养讲诚信的道德习惯，要从点滴做起。这是由诚信品质的形成以及高尚道德的实现必须有一个长期的过程所决定的。诚信的全面弘扬践行，不可能一蹴而就。

年轻干部培养讲诚信的道德习惯，要从大处着眼，从小处着手。大处，是诚信修养的目标，是要实现良好的社会、经济秩序；小处，是从不说谎话等方面做起，从遵守诚信行为规范做起，从最基本、最起码的小事做起，通过反复实践，不断努力，为创建现代诚信社会作出自己应有的贡献。

"勿以恶小而为之，勿以善小而不为""不积跬步，无以至千里，不积小流，无以成江海"，这些名言包含着深刻的道理。从大处着眼，从小处着手，防微杜渐，积小善而成大德，这是年轻干部在实践中进行诚信修养，逐步提升自己社会诚信水平的有效方法。

三、提升工作能力，高效完成执行任务

年轻干部不仅要政治过硬，还要本领高强。高强的本领，是高效完成执行任务的重要一环，也是强化卓越执行力的主要内容之一。如果本领不足，仅有工作热情、工作决心，也是难能完成执行任务的。

（一）注重调查研究，练就扎实的基本功

早在1930年5月，毛泽东就指出："没有调查，没有发言权。""你对于某个问题没有调查，就停止你对于某个问题的发言权。"①

习近平总书记进一步深化了党的调查研究思想，他强调指出："调查研究是谋事之基、成事之道。没有调查，就没有发言权，更没有决策权。"②

这强调的都是调查研究的重要性。的确，调查研究是理论联系实际不可或缺的桥梁，是了解认识社会的有效办法，是解决实际问题的核心手段。"耳闻之不如目见之，目见之不如足践之。""操千曲而后晓声，观千剑而后识器。"调查研究是年轻干部做好工作的基本功。

---

① 《毛泽东选集》第一卷，人民出版社1991年版，第109页。
② 《习近平总书记系列重要讲话读本》，人民出版社2016年版，第288—289页。

第一，调查研究是解决实际问题的前提条件。"调查就像'十月怀胎'，解决问题就像'一朝分娩'。调查就是解决问题"①。这是毛泽东的名言，也是他的经验总结。毛泽东还强调："你对于那个问题不能解决吗？那末，你就去调查那个问题的现状和它的历史吧！你完完全全调查明白了，你对那个问题就有解决的办法了。一切结论产生于调查情况的末尾，而不是在它的先头。只有蠢人，才是他一个人，或者邀集一堆人，不作调查，而只是冥思苦索地'想办法'，'打主意'。须知这是一定不能想出什么好办法，打出什么好主意的。换一句话说，他一定要产生错办法和错主意。"②

年轻干部要解决实际问题，不能坐在办公室里喝茶、饮咖啡想办法，不能躺在床上、安乐椅上冥思苦想找主意，而是要走到田间地头，奔向工厂车间，到基层群众中间去。

请看毛泽东是怎么告诉我们的："许多做领导工作的人，遇到困难问题，只是叹气，不能解决。他恼火，请求调动工作，理由是'才力小，干不下'。这是懦夫讲的话。迈开你的两脚，到你的工作范围的各部分各地方去走走，学个孔夫子的'每事问'，任凭什么才力小也能解决问题，因为你未出门时脑子是空的，归来时脑子已经不是空的了，已经载来了解决问题的各种必要材料，问题就是这样子解决了。一定要出门吗？也不一定，可以召集那些明了情况的人来开个调

---

① 《毛泽东选集》第一卷，人民出版社1991年版，第110—111页。
② 《毛泽东选集》第一卷，人民出版社1991年版，第110页。

查会，把你所谓困难问题的'来源'找到手，'现状'弄明白，你的这个困难问题也就容易解决了。"①

这真是经典之论，有效的方法。年轻干部应该"迈开你的两脚，到你的工作范围的各部分各地方去走走"，也可以"召集那些明了情况的人来开个调查会"，通过调查研究，没有你解决不了的问题。正像人们常说的，坐在办公室里，看到的全是问题；走进基层，看到的全是办法。

第二，践行"深、实、细、准、效"的调研要求。2003年2月25日，时任浙江省委书记的习近平同志在《浙江日报》"之江新语"专栏发表了一篇题为《调研工作务求"深、实、细、准、效"》的短文，文章提出在调研工作中，"一定要保持求真务实的作风，努力在求深、求实、求细、求准、求效上下工夫"。这篇文章虽然篇幅短小，但内容深邃，把调查研究应该注意到的问题都说深说透了。

年轻干部应该践行习近平总书记提出的求"深、实、细、准、效"这五点要求，通过践行这五点要求，来提高调查研究的水平，增强调查研究能力。

"'深'，就是要深入群众，深入基层，善于与工人、农民、知识分子和社会各界人士交朋友，到田间、厂矿、群众和社会各层面中去解决问题。"②

① 《毛泽东选集》第一卷，人民出版社1991年版，第110页。
② 《习近平新时代中国特色社会主义思想学习纲要》，学习出版社、人民出版社2019年版，第250页。

年轻干部调查研究必须深入群众，深入基层，到群众中去倾听基层干部群众的所想所急所盼，脚踏实地地去了解和掌握真实情况，千万不能走马观花、蜻蜓点水似的去调查研究，更不能只看到一点表面现象就以偏概全，指手画脚。这是调查研究之大忌。

深入群众，深入基层，不仅要"身到"，更要"心到"。"身到"而"心不到"，是形式上的调查研究，而不是实际上的调查研究。形式上的调查研究是根本了解不到真实情况的。

"涉浅滩者得鱼虾，入深水者得蛟龙。"年轻干部在调查研究中只有放下架子、扑下身子，接地气、通下情，"身入心至"，才能获得有益的东西。

"'实'，就是作风要实、轻车简从，真正做到听实话、摸实情、办实事。"①

2012年12月4日，习近平总书记主持召开中共中央政治局会议，审议通过了中央政治局关于改进工作作风、密切联系群众的八项规定。

中央八项规定之第一项规定就是"要改进调查研究，到基层调研要深入了解真实情况，总结经验、研究问题、解决困难、指导工作，向群众学习、向实践学习，多同群众座谈，多同干部谈心，多商量讨论，多解剖典型，多到困难和矛盾集中、群众意见多的地方去，切忌

---

① 《习近平新时代中国特色社会主义思想学习纲要》，学习出版社、人民出版社2019年版，第250页。

走过场、搞形式主义；要轻车简从、减少陪同、简化接待，不张贴悬挂标语横幅，不安排群众迎送，不铺设迎宾地毯，不摆放花草，不安排宴请。"

年轻干部到基层调查研究，一定要严格按照中央八项规定的这一要求去做，以实实在在的作风去调查研究。

"'细'，就是要认真听取各方面的意见，深入分析问题，掌握全面情况。"①

调查研究是一项深入细致的工作。细致，就包括细心听取各方面的意见。请看陈云在调查研究中是怎样认真听取各方面的意见、深入分析问题、全面掌握情况的。

陈云是全党公认的调查研究的典范人物。对调查研究，他曾经提出了著名的"不唯上、不唯书、只唯实，交换、比较、反复"十五字诀，他认为："领导机关制定政策，要用百分之九十以上的时间作调查研究工作，最后讨论作决定用不到百分之十的时间就够了。"②

在调查研究中，他总是认真地听取各方面的意见，了解真实的情况。比如，1961年6月下旬到7月上旬，陈云回到他的家乡——上海市青浦县小蒸人民公社，进行了15天的农村调查。

他每天上午在家里开座谈会，下午三四点钟到田间地头、养猪场和农民家里、集体食堂等地方进行考察。15天的时间里，他听取了

---

① 《习近平新时代中国特色社会主义思想学习纲要》，学习出版社、人民出版社2019年版，第250页。
② 《陈云文选》第三卷，人民出版社1995年版，第189页。

公社党委两次汇报，召开了 10 次专题座谈会。

向贤彪曾经写有《陈云同志调查研究的"加减乘除"法》一文。他在文章中写道："小蒸公社过去是养猪最多的地方，1958 年公社化后，养猪却一年比一年减少。陈云在调查中发现，'公家养猪的地方脏得一塌糊涂，小猪、大猪、病猪、好猪都是格式化的饲养，吃一样的饲料。而农民家里养的猪，都是干干净净，还捉泥鳅喂猪吃'。后与农民交谈，进一步发现，上面强调公家养猪，有饲料跟不上、管理跟不上、保暖跟不上、劳力跟不上等弊端。陈云通过一看二听三算账，得出一个结论：要迅速恢复和发展养猪事业，必须多产猪苗；而要多产猪苗，就必须把母猪下放给家庭饲养。这一主张在实践中得以贯彻后，当地养猪业迅速恢复和发展起来。"[①]

从向贤彪的这段描述中，我们不难看出，陈云是怎样深入细致地进行调查研究的，是怎样认真听取各方面意见的。也正因为如此，他回京后写出了《母猪也应该下放给农民私养》的调研报告，为相关政策的制定提供了依据。

"'准'，就是不仅要全面深入细致地了解实际情况，更要善于分析矛盾、发现问题，透过现象看本质，把握规律性的东西。"[②]

年轻干部通过调查研究，能够全面而深入细致地了解实际情况，

---

① 向贤彪：《陈云同志调查研究的"加减乘除"法》，《中国纪检监察报》2015 年 7 月 15 日。
② 《习近平新时代中国特色社会主义思想学习纲要》，学习出版社、人民出版社 2019 年版，第 250 页。

但这仅仅是一个开始，更重要的是要能站在马克思主义的立场上，对问题和矛盾进行深入的分析，并透过现象看到其本质，从而认识并把握它的内在规律。

毛泽东的《寻乌调查》就是准确分析矛盾、发现问题的典范之作。

1930年5月，毛泽东在江西省寻乌县进行了20多天的调查。在调查期间，他对寻乌的政治区划、地理交通、商业活动、土地关系、土地斗争的状况，进行了全面而详尽的考察分析，《寻乌调查》一文，就是考察分析的结果。文中详细叙述了寻乌的水陆运输、商品集散和流向，以及20多个行业的状况。

1941年9月13日，毛泽东在《关于农村调查》一文中写道："到井冈山之后，我作了寻乌调查，才弄清了富农与地主的问题，提出解决富农问题的办法，不仅要抽多补少，而且要抽肥补瘦，这样才能使富农、中农、贫农、雇农都过活下去。"①

2011年11月16日，习近平同志在中共中央党校秋季学期第二批入学学员开学典礼上的讲话中曾经评价过毛泽东的寻乌调查。他说："毛泽东同志1930年在寻乌县调查时，直接与各界群众开调查会，掌握了大量第一手材料，诸如该县各类物产的产量、价格，县城各业人员数量、比例，各商铺经营品种、收入，各地农民分了多少土地、收入怎样，各类人群的政治态度，等等，都弄得一清二楚。这种深入、

① 《毛泽东文集》第二卷，人民出版社1993年版，第379页。

唯实的作风值得我们学习。"①

年轻干部应该响应习近平总书记的号召，学习毛泽东深入、唯实的作风，学习毛泽东准确分析矛盾、发现问题的本领。

"'效'，就是提出解决问题的办法要切实可行，制定的政策措施要有较强操作性，做到出实招、见实效。"②

调查研究不是为了调查而调查，不是为了研究而研究。调查研究的目的，是把事情的真相和全貌调查清楚，把问题的本质和规律把握准确，把解决问题的思路和对策研究透彻。

"1990年5月17日，原先驻扎连江县的南京军区某师师部奉命迁入福州市郊五凤山脚下的军营。当天晚上，刚刚上任九天的福州市委书记习近平连夜冒雨走进了部队临时搭建的野战帐篷。

"'你们刚搬到这里，困难肯定不少。有多少难处，竹筒倒豆子，全都倒出来。然后我们再逐个帮你们捡起来，一粒不会少。'习近平微笑着说。

"初到此地，部队面临着许多现实困难。部队领导连提了三个请求：能不能修一条战备路，能不能解决三百多名随军家属落户和一百多名随军子女入学的问题？

"面对这三个在当时并不那么容易解决的问题，习近平没有丝毫犹豫，当即表态'要特事特办，马上就办'。那份担当和气魄给部队

---

① 《习近平讲故事》，人民出版社2017年版，第120页。
② 《习近平新时代中国特色社会主义思想学习纲要》，学习出版社、人民出版社2019年版，第250页。

的指战员们吃下了定心丸。

　　"不久以后，一条2.5公里的战备公路通车，从规划到竣工仅用了一个月的时间；全师符合条件的随军家属，全部落户福州；跟随父母辗转多地的孩子们进入了福州的小学、中学读书。在此之前，这支入闽15年的部队，子弟里没有出过一个大学生。而此后25年，不少孩子如愿以偿考入清华大学、南京大学、厦门大学……"①

　　习近平总书记调查研究真是"出实招、见实效"，值得年轻干部学习。年轻干部在深入实际调查研究之后，要为调查发现的问题给出解决的思路和切实可行的对策。

　　总之，对调研得来的大量材料和情况，年轻干部要认真研究分析，由此及彼、由表及里。"对经过充分研究、比较成熟的调研成果，要及时上升为决策部署，转化为具体措施；对尚未研究透彻的调研成果，要更深入地听取意见，完善后再付诸实施；对已经形成举措、落实落地的，要及时跟踪评估，视情况调整优化。"②

　　2023年3月，中共中央办公厅印发了《关于在全党大兴调查研究的工作方案》（以下简称《方案》），并发出通知，要求各地区各部门结合实际认真贯彻落实。

　　《方案》要求党员、干部要"带头深入调查研究，不断深化对党

① 《实干才能梦想成真——习近平同志在福州工作期间倡导践行"马上就办"纪实》，《秘书工作》2015年第2期。
② 《习近平在中央党校（国家行政学院）中青年干部培训班开班式上发表重要讲话强调　年轻干部要提高解决实际问题能力 想干事能干事干成事》，《人民日报》2020年10月11日。

的创新理论的认识和把握，善于运用党的创新理论研究新情况、解决新问题、总结新经验、探索新规律，扑下身子干实事、谋实招、求实效，使调查研究工作同中心工作和决策需要紧密结合起来，更好为科学决策服务，为提高党的执政能力和领导水平服务，为完成新时代新征程的使命任务服务"。①

党员、干部要按照《方案》的要求去做，在调查研究中，"坚持实事求是，坚守党性原则，一切从实际出发，理论联系实际，听真话、察实情，坚持真理、修正错误，有一是一、有二是二，既报喜又报忧，不唯书、不唯上、只唯实。必须坚持问题导向，增强问题意识，敢于正视问题、善于发现问题，以解决问题为根本目的，真正把情况摸清、把问题找准、把对策提实，不断提出真正解决问题的新思路新办法。"②

（二）增强学习本领，奠定思想理论基础

重视学习，是中国共产党的光荣传统和政治优势。正如习近平总书记2013年3月1日在庆祝中央党校建校80周年大会暨2013年春季学期开学典礼上的讲话中所说的："中国共产党人依靠学习走到今天，也必然要依靠学习走向未来。"③

学习是年轻干部的本领，而且是真正的看家本领，因为理论、智

---

① 《中办印发〈关于在全党大兴调查研究的工作方案〉》，《人民日报》2023年3月20日。
② 《中办印发〈关于在全党大兴调查研究的工作方案〉》，《人民日报》2023年3月20日。
③ 《习近平总书记系列重要讲话读本》，人民出版社2016年版，第296页。

慧、经验、能力等，都是源于学习。一位领导干部，喜欢不喜欢学习，能不能坚持学习，善于不善于学习，能反映出他的领导水平的高低，工作方法的优劣，能力素质的强弱。因此，党的十九大报告把"增强学习本领"列为全党要增强的"八大本领"之首。

陈云在1939年时就强调："学习是做好工作的一个条件，而且是一个必不可少的条件。"①学习的人不一定要当领导，但当领导的人一定要学习。

李书磊在《宦读人生》中说："我真正欣赏的不是读了书做官，而是做了官读书。读了书做官总有点把读书当敲门砖的意思，既贬低了读书也贬低了做官；做了官读书才是一种雅兴，一种大性情，一种真修炼。"他还写道："不管做多大的官，不读书便不过是一介俗吏。相反，只要永怀读书和思索的慧根，又何计其官职大小有无。"

第一，把马克思主义哲学当作必修课。中国共产党历来重视马克思主义哲学的指导作用，认为它是马克思主义的基础。党的十八大以来，习近平总书记多次强调，领导干部要"努力把马克思主义哲学作为自己的看家本领"。2013年12月3日，他在十八届中央政治局第十一次集体学习时指出，"党的各级领导干部特别是高级干部，要原原本本学习和研读经典著作，努力把马克思主义哲学作为自己的看家本领"②。

---

① 《陈云文选》第一卷，人民出版社1995年版，第188页。
② 《习近平关于全面建成小康社会论述摘编》，中央文献出版社2016年版，第192页。

　　学习马克思主义哲学，就是要学会运用马克思主义的立场、观点、方法分析和解决实际问题。

　　李瑞环曾经担任过中共天津市委书记、市长，是第八届、第九届全国政协主席，党的第三代领导集体成员。

　　李瑞环并非出身名门望族。他曾经回忆说："我出生在农村，小时候在老家拉过犁，种过地，赶过车，织过布，许多农活都干过。我大概14岁开始织布。我记得那时我的个儿小，织布的坐机板高，脚够不着，家里还专门为我做了一个凳子。17岁时，我到北京做小工。一次偶然的机会，我去给木工班扫刨花，当时有个木工工长，名叫王锡田，他说我很灵巧，让我学木匠。我就这样从一个普通的木匠开始，一步步成长为党和国家的领导干部。"

　　李瑞环也不是名校毕业，他受的最高教育是在北京建工业余学院工业与民用建筑专业学习。1951年至1965年，他在北京第三建筑公司当工人，这期间即1958年至1963年他在北京建工业余学院学习了工业与民用建筑。

　　那么，李瑞环是怎样由一个普通的木工成长为党和国家高级领导干部的呢？李瑞环自己回答了这个问题。他说："有人说，由一个普通农民、工人，一步步走到党和国家最高领导层真不简单，这其中一定会有一些奥秘、诀窍，应该总结一下。要我说还是那句老话：是社会主义制度的产物，当然也不能否认个人的努力。光靠努力还不行，还要得法，得法就是要学习哲学。我这一生对我帮助最大的就是马克思主义哲学。"①

学了哲学之后，李瑞环密切联系工作实际，进行深入思考，来指导工作实践。在1951年至1965年当工人期间，他搞过100多项技术革新，被誉为"革新能手"。

李瑞环认为："哲学是明白学、智慧学，学懂了哲学，脑子就灵，眼睛就亮，办法就多；不管什么时候、干什么工作都会给你方向、给你思路、给你办法。"②

1988年1月26日，李瑞环在全国马克思主义哲学体系改革研讨会上的讲话中指出："共产党的领导者，特别是高级领导者，都应该是努力学习和热情宣传马克思主义哲学的人，都要把哲学作为一门基本课程。领导干部的任务主要是了解情况、掌握政策、解决问题。不懂哲学，怎么能把情况搞全、弄准，抓住有用的东西？不懂哲学，怎么能执行好政策？怎么能将政策与具体实践结合好？不懂哲学，怎么能处理好矛盾、解决好问题？马克思主义哲学就是告诉人们如何分析矛盾、解决问题。"③

这是李瑞环自身工作经验的总结，也是他由一个普通的木工成长为党和国家高级领导干部的成长规律的探究。

李瑞环的成长轨迹，对新时代的年轻干部有着很大的启迪作用。

第二，理论密切联系实际。理论联系实际是我们党的光荣传统和

① 李瑞环：《学哲学 用哲学》（上），中国人民大学出版社2005年版，第15—16页。
② 李瑞环：《学哲学 用哲学》（上），中国人民大学出版社2005年版，第16页。
③ 李瑞环：《学哲学 用哲学》（上），中国人民大学出版社2005年版，第5—6页。

优良作风。"我们党的历史反复证明，什么时候理论联系实际坚持得好，党和人民事业就能够不断取得胜利；反之，党和人民事业就会受到损失，甚至出现严重曲折。"①习近平总书记的这段话简明扼要地说明了理论联系实际这一党的光荣传统和优良作风的重要性和必要性。

理论密切联系实际是党和人民事业取得胜利的保证，也是年轻干部茁壮成长的一条重要规律。众所周知，李瑞环是从一个木工一步步走到党和国家最高领导层的。其中有一个重要的原因，就是他重视学习马克思主义哲学，而且紧密联系实际。正如他所言："学习马克思主义，还必须解决学习方法问题。方法可以讲很多，但最根本的就是理论联系实际的方法。"②

"读书是学习，使用也是学习，而且是更重要的学习……说学习和使用不容易，是说学得彻底，用得纯熟不容易。"③

毛泽东在《实践论》中说过："如果有了正确的理论，只是把它空谈一阵，束之高阁，并不实行，那末，这种理论再好也是没有意义的。"④

中世纪波斯（今伊朗）的诗人萨迪说："无论你腹中有多少知识，假如不用便是一无所知的。"他还比喻道："有了知识而不运用，如

---

① 《习近平在中央党校（国家行政学院）中青年干部培训班开班式上发表重要讲话强调 立志做党光荣传统和优良作风的忠实传人 在新时代新征程中奋勇争先建功立业》，《人民日报》2021年3月2日。

② 李瑞环：《学哲学 用哲学》（上），中国人民大学出版社2005年版，第13页。

③ 《毛泽东选集》第一卷，人民出版社1991年版，第181页。

④ 《毛泽东选集》第一卷，人民出版社1991年版，第292页。

同一个农民耕耘而不播种。"

学习的目的在于运用。一个人读书如果不能理论联系实际，即使他读了再多的书，也不能说达到了学习的最终目的。

李瑞环有一句名言："人之成功，是由于主观努力符合客观实际。人之失败，是由于主观与客观脱节。"[1]这真是精辟之论。新时代的年轻干部要增强学习本领，离不开理论联系实际。

李瑞环在天津主政期间，"他爱与人大代表、政协委员、各界群众开对话会，且每次都是电视现场直播，大家一问一答，现场非常活跃，群众也欢迎，几乎是家家必看。在一次对话会上，一位老太太说她家煤气灶常点不着火，有关部门领导现场解答时讲了许多数字、原因、道理，李瑞环却打断道：'你讲那么多没有用。老太太要求的是煤气点火就着。'这件事，被天津人总结为李瑞环的'老太太哲学'"。[2]

"老太太哲学"，其实就是"老百姓哲学"，是把马克思主义哲学百姓化。

"老百姓哲学"，是不空谈道理、务实敢干解决问题的哲学，而不是"空对空"的哲学，不是"光说大道理，不干实事"的哲学，不是只对上负责、不对下负责的哲学，不是对上对下都不负责的哲学。

正是秉持着这种"老太太哲学"，李瑞环在天津办了许多实事。

---

[1] 李瑞环：《学哲学 用哲学》（上），中国人民大学出版社2005年版，第22—23页。
[2] 廖楠：《李瑞环：从"青年鲁班"到爱读书的老人》，《人民日报》（海外版），2013年5月10日。

为了改善天津居民的居住条件，他强力拆除了唐山大地震遗留的大量防震棚，新建了居民楼。

在理论联系实际方面，李瑞环给新时代的年轻干部做出了榜样。

第三，善于在实践中学习。"读书是学习，使用也是学习，而且是更重要的学习。从战争学习战争——这是我们的主要方法。没有进学校机会的人，仍然可以学习战争，就是从战争中学习。革命战争是民众的事，常常不是先学好了再干，而是干起来再学习，干就是学习。"①

"从战争学习战争"，就是在实践中学习。党的优秀干部都是注重在实践中学习的。周恩来当年曾经作有一联："与有肝胆人共事，从无字句处读书。""从无字句处读书"，就是善于向实践学习。

1965年7月26日，毛泽东在中南海接见刚从海外归来的原国民党政府代总统李宗仁和他的夫人。接见中，毛泽东突然问李宗仁的机要秘书程思远："你知道我靠什么吃饭吗？"程思远不知所对。毛泽东告诉他："我是靠总结经验吃饭的。以前我们人民解放军打仗，在每个战役后，总来一次总结，发扬优点，克服缺点，然后轻装上阵，乘胜前进，从胜利走向胜利，终于建立了中华人民共和国。"②

总结经验，就是"从战争学习战争"。聂凤智是中华人民共和国开国中将。他虽然个头不高，相貌平平，却是一位智勇双全的常胜将

---

① 《毛泽东选集》第一卷，人民出版社1991年版，第181页。
② 郭思敏：《我眼中的毛泽东》，河北人民出版社1990年版，第225页。

军。他几乎指挥和参加过人民军队各种不同类型的战斗、战役，甚至包括陆海空协同作战。他还担任过抗大一分校胶东分校校长。聂凤智有个学习方法，就是"查战斗"。

所谓"查战斗"，就是每打一仗，总结一下，提高一步，再打一次更漂亮的胜仗。如果条件允许，聂凤智还会把干部战士带回到作战现场，重复作战过程，切磋指挥得失。

聂凤智出生于湖北省黄安（今红安）县吕王镇（现属大悟）花桥村，小时候只读过几年私塾。只读过几年私塾的聂凤智却成长为智勇双全的常胜将军，这是为什么？"查战斗"给出了答案，他善于"从战争学习战争"。

"从战争学习战争"，即善于在实践中学习。新时代的年轻干部要增强工作本领，也必须善于在实践中学习。

（三）加强实践锻炼，将知识转化为能力

虽然专家、学者常讲学习各种能力，但事实上，能力是不能传授的，能传授的是有关方面的知识，但知识可以提升素养，然后在实践中转化为能力。因此，年轻干部要提升工作能力，必须加强实践锻炼，将所学到的知识转化为能力。

"纸上得来终觉浅，绝知此事要躬行。"实践是年轻干部提高能力的有效途径，不经历非常之事，难以成非常之才；多经事方能成大事。接过"烫手山芋"、当过"热锅上的蚂蚁"的年轻干部，才能锤炼出真功夫，进而收获真正的成长与进步。

年轻干部加强实践锻炼，还要不避艰难困苦。"志不求易者成，事不避难者进。"这句话源自《后汉书·虞诩传》。

东汉汉安帝永初年间，朝歌县一带叛匪宁季等率数千人连年聚众作乱。他们攻杀县吏，抢劫百姓，州郡官府无法平定。大将军邓骘便命虞诩去主政朝歌。

虞诩的亲朋都为他深感忧虑，说他去朝歌上任是一件倒霉的事情。虞诩坦然笑着对他们说："志不求易，事不避难，臣之职也。不遇盘根错节，何以别利器乎？"

虞诩的意思是说，立志不求易成，行事不避艰难，这是为人臣子的职责。如果没有遇到盘根错节，怎么能分辨出利刃与钝刃呢？后来人们常用"志不求易者成，事不避难者进"来告诫人们，只有迎难而上，才会取得最后的成功。

"事不避难，知难不难"。无数事实证明，环境越是艰苦、岗位越是吃劲、任务越是艰巨，越能磨砺年轻干部的品质，越能考验年轻干部的毅力，越能增长年轻干部的才干。

汉末文学家徐干在《中论·修本》中云："路不险则无以知马之良，任不重则无以知人之德。"这句话的意思是说，道路不险恶就无法知道马的好坏，任务不繁重就不知道人的德行如何。说明条件越是恶劣，越能看出一个人的品德和才干。

对于年轻干部而言，只有在困难中千锤百炼才能练就真功夫。

西周时期文学家周公旦在《周礼·冬官考工记·弓人》里说，制作一把优良的弓，需要历时一年的时间，经过"冬析干而春液角，夏治筋，秋合三材，寒奠体，冰析灂"六个过程。冬季剖析干材而春季用水煮治角，夏季治理筋，秋季再用胶、漆、丝三种材料将干、角、筋组合在一起，冬寒季节固定弓体，隆冬冰冻时检验漆纹是否剥落。

如果急于求成，省去任何一个步骤，制作出来的弓就会有"斫挚不中，胶之不均"的问题。

所谓"斫挚不中，胶之不均"，是说弓干砍削不精致，厚薄不当，施胶不均匀。这样的弓，容易被折断。

制作一张良弓是这样，年轻干部的成长成才更是如此。只有经过千锤百炼，才能练就真功夫，锻造高强本领。

第九章

卓越执行力的思维训练

一个人能否成功，不仅在于他的经验和知识，还在于他的思维方式。为什么有的年轻干部遇到问题很容易就找到了解决问题的方法，而有的年轻干部遇到问题却是老虎吃天——无从下口？这很大程度上取决于他们的思维方式。前者思维活跃，善于思维创新；而后者思维僵化，墨守成规。因此，年轻干部要强化执行力，需要进行思维训练。

一、用脚走不通的路用头走

所谓用脚走不通的路用头走，是说在执行中遇到难以解决的问题，只要善于思考，就能找到解决问题的方法。

思考是进行比较深刻、周到的思维活动。它是我们在执行过程中走向成功的必备条件。

年轻干部在执行的过程中，如果遇到了"南墙"，用"脚"走不通，就应该进行"心灵远足"，用思考的方法来解决疑难问题。

（一）一天周到思考，胜过百天徒劳

一个人用"头"的时间越多，他用"脚"的时间可能就越少。思而后行，才能避免做出错误的事。所以，有人说："一天周到思考，胜过百天徒劳。""行成于思，而毁于随""磨刀不误砍柴工"，讲的也是这个道理。

年轻干部在执行中遇到难以解决的问题、难以落实的工作任务，如果盲干、硬干，很可能功夫没少费，问题却解决不了，任务也无法完成，甚至还可能增加了更大的困难。但如果把解决问题的思路想清楚了，把落实执行任务的措施想妥当了，问题的解决、任务的完成，就是水到渠成的事了。正如英国学者托马斯·富勒所言："一个好头脑胜过一百只强壮的手。"

常言说："愚者千虑，必有一得。"即使是再愚笨的人，只要他能够多思考问题，也总会想出一点办法的。

（二）成功的创造来自深入的思考

工作任务能否有效落实，疑难问题能否有效解决，与任务承担者的能力、素质有着直接的关系。

解决问题能力强的人，思路开阔。他遇到问题，总能想方设法予以解决。而要提升这种解决问题的能力，思考是一条重要的途径。

著名数学家华罗庚说："如果说，科学上的发现有什么偶然的机遇的话，那么，这种'偶然的机遇'只能给那些学有素养的人，给那些善于独立思考的人，给那些具有锲而不舍的精神的人，而不会给懒汉。"

思考有助于提升能力，解决问题。但这种思考不是浅尝辄止的思考，而是深层次的思考。如果缺乏深层次的思考，即使你走到了解决问题的边缘，但你依然不能最终解决问题。

实践证明，能最终有效解决问题的人，都是善于深层次思考问题的人。

班廷是胰岛素的发现者，而胰岛素的发现就得益于他能够深层次地思考问题。

早在班廷之前，奥斯加·缅科夫斯基和胡恩·梅林就已经发现，把狗的胰腺切除，狗就会得糖尿病。

这个发现还被记载在1898年的医学杂志上，然而他们没有再进一步思考为什么会是这样。

可是，加拿大医生班廷读了这个故事后却开始思考：胰腺里可能会有一种物质，控制动物包括人的血液中糖的含量，那么这是什么物质？怎么提取？班廷动起脑筋来。

经过实验，他终于发现了医学史上和生物学史上很重要的胰岛素。

叩诊是医生诊病的一种重要方法。这种方法是奥地利医生奥斯布鲁格发明的。

奥斯布鲁格的父亲是一位卖酒的商人，为了判断高大的酒桶里是否还有酒，他总是用手在桶外敲敲，然后由声音判断桶里还有多少酒，是满桶还是空桶。

看着父亲的做法，奥斯布鲁格陷入了深思：人的胸腔和腹腔不也像一只桶吗？既然父亲敲酒桶就能知道酒的多少，那么，医生敲敲病人的胸腔、腹腔，并认真倾听，不就可以由声音判断他的病情了吗？于是，他认真钻研，终于发明了叩诊这种重要的诊病方法。

见过敲酒桶的人绝不仅仅是奥斯布鲁格一人，但发明叩诊这种重要的诊病方法的人，却只有奥斯布鲁格一人。

别人见了敲酒桶这种行为也就是一见了之，但奥斯布鲁格则能深入地思考。正是这种思考，使奥斯布鲁格成为叩诊的发明者。

（三）敢于另辟蹊径方能与众不同

另辟蹊径，就是在已有的道路之外开辟一条道路。也就是说，年轻干部在落实执行的过程中，遇到难以解决的问题，要善于打破常规的路径，去另外寻找解决问题的新途径和新方法。

某电视台请了一位商业奇才做嘉宾主持，观众都想听听他的成功经验，但他却笑着说："还是出个题考考你们吧。"于是，他出了下面这道题：

"某地发现了一座金矿，人们蜂拥而去。可是，一条大河挡住了必经之路。如果是你，你打算怎么办？"

有人说："绕道走。"有人说："游过去。"商业奇才含笑不语。直到最后，他说："为什么非得去淘金？为什么不买一条船搞营运？"

看着观众惊讶的表情，商业奇才说："那样的情况，就是把渡客

'宰'得只剩下一条短裤，他们也会心甘情愿，因为前面有金矿啊！"

真不愧为商业奇才。他不趋众、不盲从，而是用敏锐的眼光从另一个角度看到了发财之路。这样的人怎么能不发财呢？

年轻干部在执行中遇到难题也必须有敏锐的眼光和异于他人的思维方式，如此才能另辟蹊径。

一家自助餐厅因顾客浪费情况严重而效益不好，没办法，餐厅规定："凡是浪费食物者罚款10元！"

规定一出，餐厅门可罗雀。后来，餐厅老板经人点拨，将售价提高10元，将规定改为："凡没有浪费食物者奖励10元！"结果，餐厅生意火爆且杜绝了浪费行为。

这就是另辟蹊径。餐厅老板没有多花一分钱，却杜绝了浪费行为，真是另辟蹊径道路宽。

二、要敢走别人不敢走的路

人们在思考问题时，一般都是顺着想，也就是按照大家都认同的常情、常理、常规的正向思考路径去思考；或者遵循事物的某种客观顺序去想，比如从前到后，从上到下，从近到远，等等。既然是大家都认同的常理，所以遇到某一问题时，大家都会顺着这样的思路想。

这样思考问题有时能找到解决问题的方法，并收到令人满意的效果。但是，在实践中，也有很多问题无法利用正向思考的路径去寻找解决的方法。

因此，年轻干部在执行中遇到用正向思考的路径找不到解决的办法时，就应该跳出常规，打破常理，运用逆向思维去思考，敢走别人没有走过的路，善于"反其道而思之"，这样思考出来的办法，就可能是有新意的办法，是能解决问题的办法。

逆向思维，就是从相反的、对立的、颠倒的角度去思考问题。"举世皆浊我独清，众人皆醉我独醒。"这句话出自屈原的《渔父》，意思是说：世人皆浑浊，唯有我清白；众人都喝得烂醉，只有我头脑清醒。比喻不随俗浮沉。

（一）空间逆向

空间作为物质存在的一种客观形式，由长度、宽度和高度表现出来。因此，空间逆向的相互转化形式主要表现为：长—短，宽—窄，高—低，入—出，进—退，上—下，前—后，等等。欲擒故纵，就是典型的空间逆向思维。请看《太平广记》记载的一个故事。

武周天授年间，武则天赐给爱女太平公主两盒细器宝物，价值黄金万两。太平公主把宝盒珍藏于密室。

年底时，太平公主去取宝盒，却发现宝盒失盗。太平公主把这件事情报告给武则天，武则天震怒。她召来洛州长史，对他说："三天抓不到盗贼，治你的罪！"

长史很害怕，对县尉说："你们两天抓不到盗贼，处死你们！"

县尉对掌管巡察缉捕之事的吏卒说："我限你们一天之内捉拿盗贼，否则，你们先死！"

吏卒很害怕，但也毫无办法。他们在巡街的时候，遇到了湖州别驾苏无名。他们知道苏无名擅长侦破疑难案件，就把苏无名请到县衙。县尉大喜，赶忙求助，苏无名要求见洛州长史。

县尉向长史禀告后，长史非常高兴，亲自走下台阶拉着苏无名的手说："今日遇见先生，你真是救了我的命，请说说擒贼的方法。"苏无名则要求见了武则天再说。

武则天召见了苏无名，问他："你能抓到罪犯？"苏无名说："皇上若委任我破案，就不要限定日期。对长史、县尉加以宽限，不要让他们追查此案，把负责擒盗的小官员都交由我指挥，不出几十天我为陛下擒拿这些盗贼。"武则天答应了苏无名。苏无名告诫吏卒说："不要急于捉拿盗贼，有要事再禀报。"

一个月后，恰遇寒食节，苏无名把吏卒召集起来，命令他们："每十人或五人一组，到洛阳东门和北门一带守候。若发现有十几个胡人穿着孝服一起出城到北邙山扫墓，就跟踪他们，并派人迅速报告。"

吏卒们遵令而行，果然发现有一队胡人穿着孝服一起出城向北邙山而去。他们赶紧向苏无名报告，苏无名前去察看，问守候的吏卒："这些胡人干了些什么？"吏卒回答说："那十几个胡人到了一座新的墓冢前，设奠扫墓。但是他们只是干号着哭，并不哀伤。不久撤掉奠礼，绕墓冢巡行一圈，互相对视着微微笑了笑。"

苏无名高兴地说："大案终于告破了！"随即下令吏卒将这十几

个胡人尽数拿下，并将这座墓冢挖开，将棺材剖开一看，棺中全是从太平公主府中偷盗的珍宝。

武则天很高兴，又召见了苏无名，问他："你用什么过人的才智将盗贼擒获的？"苏无名说："并不是我有什么过人才智，只是我能识别这几个盗贼罢了。我到京城洛阳的那一天，正好碰见这群胡人出葬，我当时见他们举葬不哀就怀疑有问题。但我不知道藏物的地方。今天是寒食节，城中居民照例要去扫墓，料定这伙人肯定要出城到墓地扫墓，我派人跟踪到墓地，就知道他们藏物的地方了。他们虽然设奠拜祭，哭状却不哀痛，就能肯定墓中葬的不是人。他们祭奠哭完后围绕墓冢一周相视而笑，就断定他们是因墓冢财物无损而得意。假若皇上急令限期破案擒贼，这伙盗贼势必狗急跳墙携物而逃。现在，我们并不严加追查，盗贼们自然意态悠闲，所以没有将财物取出。"武则天说："太好了。"赐给苏无名一批金帛之物，并破格将他连升二级。

苏无名就是用空间逆向思维成功破案的。武则天急，长吏急，县尉也急，吏卒更急；但苏无名知道，如果限期破案擒贼，这伙盗贼势必狗急跳墙携物而逃。于是别人急进，他却"缓退"，让盗贼们放松警惕。于是，大案告破。

（二）属性逆向

属性，是客观事物所具有的性质、特点。事物的属性是多向度的，一件事情可以从不同的角度去理解，去思考。

概括说来，属性逆向的相互转化形式主要表现为，好—坏，大—

小，强—弱，冷—热，快—慢，增—减，优点—缺点，等等。

南怀瑾在《易经杂说》中说："宇宙间的一切道理，都是一加一减，非常简单。"

有些问题看似复杂，看似难以解决，但如果将构成事物的要素减少或增加，问题就会迎刃而解了。

据《史记·孙子吴起列传》记载：春秋时，魏国与赵国攻打韩国，韩国向齐国告急求救。齐国任田忌、田婴、田盼为将军，孙膑为军师，前去救援韩国，他们率兵直奔魏国的都城。

魏国的将领庞涓听说齐国要救援韩国，立即放弃攻打韩国，回兵援救国都。

孙膑对田忌说："他们三晋的军队素来凶悍骁勇，轻视齐国士兵，而齐军向来懦怯。善于作战的人必须因势利导。《孙子兵法》说：'从一百里外去奔袭会损失上将军，从五十里外去奔袭则只有一半军队能到达'。"于是下令齐军进入魏国的地界之后，第一天修建十万人吃饭的灶，第二天减为五万人吃饭的灶，第三天再减为两万人吃饭的灶。田忌采纳了他的意见。

庞涓追了三天齐军之后，很高兴地说："我早就知道齐军怯战，进入魏国三天，逃走的士兵人数就已经超过半数了。"于是放弃步兵大部队，只带少数精锐骑兵，日夜兼程地追赶齐军。结果在马陵道，庞涓的军队被田忌的军队打得落花流水，庞涓自杀身亡。

孙膑通过"减灶"示弱，迷惑了庞涓，结果以少胜多，取得了胜利。

又据《通鉴纪事本末》卷第七记载：公元115年，东汉名将虞诩出任甘肃武都太守时，数千羌军在陈仓崤谷堵住他的去路。

虞诩命令部下停车驻扎，并让人四处宣扬说，已上书朝廷，请求派援兵，等援兵到，就立即发兵作战。

羌军听到风声，就分兵去进攻别的县。虞诩看到羌军兵力已经分散，就日夜兼程地赶路，每日行军100多里，并命令军官士兵每个人都要垒两个锅灶，每天按倍增加，羌军因此不敢逼近。

有人问虞诩："孙膑减灶，你为什么要增灶？"虞诩回答说："敌人见我灶日增，一定会以为郡中地方军队来迎接，就不敢来追赶我们了。孙膑减灶是为了示弱，我们增灶则是为了显示强大，彼此的环境条件不同。"

结果，虞诩凭着他的属性逆向思维，率领着部下顺利地到达了武都。

（三）因果逆向

所谓因果逆向，就是从已有的事物的因果关系中倒因为果，或反果为因，去发现新的现象和规律，从而求得问题的解决之道，将工作任务落实执行到位。

人类天花疫苗的产生，就是倒因为果逆向思考的典型案例。

天花曾是危害人类生命的主要杀手。患病者大多性命难保，即使是侥幸生存下来，也会留下许多后遗症。

16世纪下半叶，我们聪明智慧的祖先，终于用倒因为果的逆向思考，发明了预防这种可怕的传染病的方法，这就是"人痘接种法"。

所谓人痘接种法，就是采用人工方法使健康的人轻度感染上天花病毒，从而增强抵抗力，免于严重的感染。一般说来，有四种方法。

一是痘衣法。拿患了天花的儿童的内衣给被接种儿童穿，让他们受到感染。

二是痘浆法。用棉花蘸染痘疮的疮浆，往被接种儿童的鼻孔里塞，使他感染天花病毒。

三是旱苗法。把痘痂阴干研细，然后用一根细管子吹到被接种儿童的鼻孔里。

四是水苗法。把痘痂研成粉末，用水调匀，然后用棉花蘸染，塞进被接种的儿童的鼻孔里。

这四种预防方法，实质上都是倒因为果的逆向思考的结果。

人痘接种法虽然危险性很大，但在当时的条件下也不失为一种预防天花的好方法。据有关资料记载，某地区，有9000多人接种了人痘，结果仅有20多人没有什么效果，其他的人都没患上天花。

三、善于做立体式发散思考

发散思考是从一个目标出发，沿着各种不同的路径去探求多种答案的思维方式。其思维活动的轨迹，就像草地里的旋转喷头一样，朝不同的方向做立体式的发散思考。

发散思考鼓励人们对同一个问题做不同方向、不同侧面、不同层次的思考。

（一）属性发散

所谓属性发散，就是从某一事物的属性出发，设想它的各种用途。

1946年，在奥斯维辛集中营幸存下来的一对父子来到美国，在休斯敦做铜器生意。父亲问儿子："一磅铜的价格是多少？"儿子说："35美分。"父亲说："对，整个得克萨斯州每磅铜都是35美分的价格，但是你是犹太人的儿子，你应该说是3.5美元，你试着把铜做成门的把柄，你做一做看。"

20年过后，父亲死了，儿子独立经营铜器店。在他的铜器店，一磅铜卖到了3500美元，并成了麦克尔公司的董事长。原来，他用铜做成了锣鼓，用铜做成了瑞士钟表上的簧片，用铜做成了奥运会的奖牌。

某时装店的经理不小心将一条高档呢裙烧了一个洞，呢裙价格一落千丈。如果用织补法补救，也只是蒙混过关，欺骗顾客。

怎么办？这位经理突发奇想，干脆在小洞的周围挖了许多小洞，并加以修饰，将其命名为"凤尾裙"。随后，"凤尾裙"销路畅达，该时装店也因此而出了名。

（二）要素发散

在第二次世界大战期间，一艘满载军用物资的货轮秘密地从某港口开出。

这艘货轮要经由上海、福州、广州，再经过马六甲海峡，驶向泰国，然后去缅甸，给那里的日军提供给养。

这艘货轮装的是从我国东北三省掠夺去的大豆。我抗日组织得知情报，立即指示我方特工人员要想方设法将这艘货轮在大海中炸沉。

我方特工人员接到指示，想办法混进了日本货轮。结果，他们没费一枪一弹，就将日本货轮"炸沉"了。

原来，他们运用要素转换的思维方式，在大豆的性质上做文章。他们偷偷地向装满大豆的货舱灌水，让大豆膨胀，从而改变了大豆的性质要素：原来存放的是干燥的大豆，现在存放的是浸泡的大豆。

大豆经水浸泡，迅速膨胀，货舱的压力不断增大，最后，造成货舱爆裂，货轮沉入大海。我方特工人员成功地执行了上级的指示，完成了工作任务。

这就是要素发散。任何事物都是由各种不同的要素构成的。年轻干部在遇到某些难以解决的问题时，不妨采取一些措施来改变事物所包含的某一或某些要素，让事物发生符合"执行"需要的变化。

（三）角度发散

所谓角度发散，就是换一个角度来思考问题。不同的思考角度，会有不同的思考结果。

年轻干部在执行的过程中，遇到困难，应该坚持不懈，有韧劲，不达目的决不罢休。但有韧劲，并非在达成目的的方法上一棵树上吊死、一条道走到黑，而应该善于运用创新思维来寻求达成目标的路径方法，而逆向思考、发散思考就是创新思维的核心内容。

思路一创新，问题就会迎刃而解。

一家有父子两人。一天早晨，父亲派儿子去城里打酒。儿子走到城里一处狭窄的地方，跟迎面而来的人相遇了。两个人互不相让，一直站到中午。

家中的父亲见儿子迟迟不归，便前去寻找。他到了城里见到儿子，了解了情况后便对儿子说："你先回去吃午饭，让我来替你着。"

故事中的父子俩真够执着，执着得退后一步都不肯，让人既觉得好笑，又觉得好气。

事实上，生活、工作中也不乏这样的人，思维一根筋，碰到南墙也不知道转向。这种一根筋的思维方式对工作任务的落实执行是有着制约作用的。

第十章

卓越执行力的组织保障

年轻干部要强化卓越执行力，不仅需要自身的努力，还需要组织的有力保障。让执行力强的年轻干部不吃亏，培育执行文化，用完善的制度机制褒奖执行力强的年轻干部，惩处执行力差的年轻干部。

一、让执行力强的年轻干部不吃亏

要让执行力强的年轻干部不吃亏，组织上必须重用执行力强的年轻干部；领导要重视执行力强的年轻干部；媒体要宣传执行力强的年轻干部。

（一）组织上要重用执行力强的年轻干部

组织上重用执行力强的年轻干部，关键在人才使用的制度设计上。

第一，要树立正确的用人导向。实践证明，事业兴衰重在用人，用人之要重在导向。用一贤人，则贤人毕至；用一小人，则小人齐趋。习近平同志曾经强调指出："用好一个干部，就是树立一面旗帜，就会在一个地方、一个部门、一个单位形成良好的工作氛围。一些地方、部门和单位之所以出现形式主义、官僚主义问题，往往同用人导向有关。"①用人导向是引导年轻干部干事创业的核心问题。

一个单位、一个部门要想开创新局面、谋求新发展，必须把"用执行力强的人"之理念贯穿始终。也就是说，始终重用政治上靠得住、工作上有本事、作风上过得硬、人民群众信得过的年轻干部。让溜须拍马的人、投机钻营的人没有升迁的机会。

俗话说，"风成于上，俗形于下""桃李不言，下自成蹊"。如果执行力强的年轻干部得到组织上的重用，就会形成一种导向，这种导向会引导社会的风气。

第二，要制定科学的考评机制。所谓科学的考评机制，就是通过科学的方法、原理来考核和评估考评对象的工作行为和工作效果。构建科学的考评机制，关键要解决以下三个方面的问题。

一是"由谁来考评"的问题。构建科学的考评机制，首先要解决"由谁来考评"的问题。这是考评体系中最为重要的部分之一，因为考评主体直接影响着考评的客观、公平和公正。

以往对人的考评，主要是上对下的考评，"官评官""官议官"，考评主体单一，影响了考评的效果。科学的考评机制，需要打破这一局限，确定多元的考评主体。也就是说，要将与考评对象有较强知情

① 习近平：《关键在于落实》，《求是》2011年第6期。

度和关联度的上级、同级、下级、基层干部群众等列入考评主体的范围。

二是解决"考评什么"的问题。考评主体确定之后，还要解决"考评什么"的问题。这就需要制定科学的评价标准。制定科学的评价标准，要做到体现"德""能""勤""绩""廉"的要求。

三是解决"怎样考评"的问题。怎样考评，就是考评的方法问题。在考评方法上，必须"坚持德才与实绩相统一，注重工作的结果与过程的有机结合"。

第三，用好考评结果。对年轻干部的考评，并不是为了考评而考评。考评的目的，是把真正踏实肯干、对党和人民忠诚、遵纪守法、执行力强的年轻干部选拔到更高层次的领导岗位上来。因此，用好考评结果至关重要。

（二）领导要重视执行力强的年轻干部

春秋时，齐桓公喜欢穿紫色的衣服，穿紫衣便在全国风靡。结果导致了紫布价格的上涨，五匹白布竟然换不到一匹紫布。

桓公见社会风气与物价已有不正常的波动，就对管仲说："我喜欢穿紫色衣服，如今紫布变得特别昂贵，可是，全国的老百姓却不愿意改变这种风气，你看，我应该怎么办？"

管仲说："您为什么不试着不穿紫色衣服，并对身边的人讲，'我近来非常讨厌紫衣的味道'。如果刚好有人穿着紫衣来觐见，您一定要说，'稍微往后退一点'，我讨厌紫衣服的难闻气味'。"

齐桓公接受了管仲的建议。当天，宫中的侍从就没有一个穿紫色衣服的；第二天，都城之内没有人穿紫色衣服；第三天，全国境内也没有穿紫色衣服的了。

领导心理学研究证明，群众会接受领导者的示范或暗示。事实证明，领导者的价值取向对所在单位的影响很大。

用人更是如此。如果一个单位的领导者喜欢溜须拍马、阿谀逢迎者，并重用他们，这个单位就会有人向这方面看齐；如果一个单位的领导者重视踏实肯干、求真务实、执行力强的人，这个单位的人就会向这方面努力。

（三）媒体要宣传执行力强的年轻干部

要让执行力强的年轻干部不吃亏，不仅组织上要重用执行力强的年轻干部、领导要重视执行力强的年轻干部，媒体也要宣传执行力强的年轻干部，舆论的力量不可低估。这种宣传，会影响到人们的思想意识，进而影响到人们的行为。

榜样的力量是无穷的。通过媒体的介绍，人们会了解执行力强的年轻干部的先进事迹。每一位执行力强的年轻干部的事迹，就是一面旗子，就是一面镜子。比如，郭明义的先进事迹通过媒体和报告会的形式为人所知晓后，人们纷纷表示要学习郭明义。

陕西省军区政治部原副主任李卿君说："作为一名军人，我被郭明义的事迹深深打动，我会认真学习郭明义的先进事迹。"

河南省社科联干部陈晶说："郭明义事迹令人震撼。他做好人做好事甘于奉献的崇高境界，脚踏实地做好本职工作的钉子精神，值得我们每个人学习。希望更多的人能到现场听这样的报告会，可以净化心灵、陶冶情操。"

南京邮电大学90后学生杨承久说："如果不是亲耳听到，我很难相信如今还有这样的活雷锋。我觉得自己也应该为社会多做一点事，以后每年两次的献血活动我都要积极参加。"

德国著名思想家伯尔在他所著的《莱尼和他们》一书中说过这样一段话："勇士的榜样带动着胆怯的人一起前进，只要一个人表现出无畏的精神，他的榜样，就能使他周围的人们心头燃起勇敢的火炬。"

二、培育执行文化以形成内驱动力

所谓执行文化，是基于执行力的文化，是指贯穿于整个组织系统的、大多数组织成员形成的对执行的看法、习惯和理念等的总称。

良好的执行文化，是年轻干部执行的内驱动力，是提高执行力的土壤与环境，是高效执行必不可少的环境氛围，所谓人可以创造环境，环境也可以塑造人，巨人只能产生在需要巨人的时代。培育执行文化，需要聚焦以下几个方面的内容。

（一）以共同理想作为培育的方向目标

习近平总书记强调指出："一个国家，一个民族，要同心同德迈向前进，必须有共同的理想信念作支撑。"①

所谓共同理想，是指作为全社会共同意识的理想，是全社会人民奋斗的目标。

培育执行文化，以共同理想作为方向目标逻辑，有益于保持执行文化方向上的正确性。

在新时代，全国各族人民的共同理想，就是全面建设社会主义现代化国家、全面推进中华民族伟大复兴。

这一共同理想，是党的意志，是建设中国特色社会主义现代化国家的发展目标。用这一共同理想来作为培育执行文化的目标逻辑，会使执行文化与党的意志和国家的发展目标相契合，并体现出党的意志和国家发展目标的总要求。而这种执行文化将极大地激励年轻干部积极主动、自觉自愿地去执行党的路线方针政策。

（二）以责任理念作为培育的主体架构

培育执行文化，其基本的主体框架，就是责任理念。

把责任理念作为培育执行文化的基本主体框架，是强调责任担当在执行文化中的四梁八柱作用。

---

① 《习近平关于全面建成小康社会论述摘编》，中央文献出版社2016年版，第122页。

执行文化如果充溢着责任担当的内涵精神，会使身处其中的年轻干部受到潜移默化的影响，从而信奉并践行责任理念，而这种责任理念是执行的关键所在。

三、建立健全规章制度来作为保障

有一个登山队，在西藏登山。为了保护环境，他们雇请当地的群众帮助他们将垃圾背下山。

最初，这些群众在取垃圾袋时，登山队就把工钱付给了他们。结果，登山队发现，有的群众没有环境保护意识，他们把垃圾袋背到半山腰就丢弃不管了。

后来，登山队改变了规定。到山下，清点了垃圾袋才付钱。结果，在山腰再也没有发现丢弃的垃圾袋了。

由此可见，提高年轻干部的执行力，不能光靠自觉性，还必须有一套科学的制度来作保障。正如邓小平所讲："制度好可以使坏人无法任意横行，制度不好可以使好人无法充分做好事，甚至会走向反面。"[1]

---

[1] 《邓小平文选》第二卷，人民出版社1994年版，第333页。

（一）建立健全严格的目标责任制度

在管理学领域，人们常讲一个故事：一个孩子得到一条新裤子。他试了试，发现长了一点。他请奶奶把裤子剪短一些。奶奶说："今天的事太多，你去找你妈妈。"孩子去找妈妈，妈妈说："手头有活正忙，等我忙过了再说。"没办法，他只好去找姐姐。没想到，姐姐有约会，马上就要走。

孩子担心第二天没法穿这条裤子，带着失望的心情入睡了。

奶奶忙完家务事，想起了孙子的裤子，就把裤子剪短了一些；妈妈腾出手后，又把裤子剪短了一点；姐姐回来想起这事，也把裤子剪短了一点。

不用说，这条裤子后来根本就没有办法穿了。不言而喻：共同负责等于无人负责。

在现实生活中，我们的许多工作都会出现"要么都不管，要么都来管"的尴尬局面。结果，影响了工作任务的落实执行。

强化年轻干部的执行力，必须建立健全严格的目标管理责任制。1978年12月13日，邓小平在中央工作会议上的报告中就指出："现在，各地的企业事业单位中，党和国家的各级机关中，一个很大的问题就是无人负责。名曰集体负责，实际上等于无人负责。一项工作布置之后，落实了没有，无人过问，结果好坏，谁也不管。所以急需建立严格的责任制。列宁说过：'借口集体领导而无人负责，是最危险的祸害',‘这种祸害无论如何要不顾一切地尽量迅速地予以根除’。"①

如何"要不顾一切地尽量迅速地予以根除"？邓小平给出的办法是："任何一项任务、一个建设项目，都要实行定任务、定人员、定数量、定质量、定时间等几定制度。"②他还举例说："引进技术设备，引进什么项目，从哪里引进，引进到什么地方，什么人参加工作，都要具体定下来。"③

习近平同志给出的方法是："要科学进行责任分解，把目标任务分解到部门、具体到项目、落实到岗位、量化到个人，以责任制促落实、以责任制保成效，形成一级抓一级、层层抓落实的工作局面。"④

邓小平和习近平同志给出的方法就是建立健全严格的目标责任制度。南京明城墙为什么历经600多年的风雨仍巍然屹立？一个重要的原因就是严格的目标责任制度。

南京明城墙是我国保存比较完整的古城墙，也是世界上现存最大的古代砖城墙，这与它所用砖块的质量不无关系。据记载，该城墙所用砖块都是由长江中下游附近的150多个府（州）、县烧制的。每块砖的侧面刻着铭文，除时间、府县外，还有4个人的名字，分别是监造官、烧窑匠、制砖人、提调官（运输官）。

砖上刻人名的用意，用现在的话来说，就是职责分明、责任到

---

① 《邓小平文选》第二卷，人民出版社1994年版，第150—151页。
② 《邓小平文选》第二卷，人民出版社1994年版，第151页。
③ 《邓小平文选》第二卷，人民出版社1994年版，第151页。
④ 习近平:《关键在于落实》,《求是》2011年第6期。

位。参与人员的名字都刻在砖上，清清楚楚、一目了然，一旦出现问题，谁也赖不掉。无论监造官、提调官，还是烧窑匠、制砖人，哪个环节出了问题，都要被追究责任。这就使得参与人员丝毫不敢懈怠，都尽职尽责地工作。最后交砖时，检验更为严格，由检验官指使两名士兵抱砖相击，如清脆悦耳而不破碎，属于合格；如相击断裂，责令重新烧制。正因为责任如此明晰，才保证了城砖质量上乘，以至于南京明城墙历经600多年的风雨仍巍然屹立。

这种把责任落实到具体的人的做法，很值得学习借鉴。

人天生都有一种惰性心理，如果不明确每个人的责任，把任务与责任联系起来，就会导致无人负责。所以，责任要落实。而且，不仅要落实，还要落实得具体，那种人人负责的情况，其结果跟没有人负责是一样的。

（二）建立健全严格的督查督办制度

督查督办，顾名思义就是监督检查、催促办事。也就是说，通过监督、检查，及时发现落实执行过程中存在的问题，然后用监督、催促的手段来推动工作的落实执行，确保政令畅通。没有督查督办就没有落实执行。决策之要，重在落实执行；落实执行之法，贵在督查督办。

用督查督办的方式方法来促进落实执行，其前提条件是要有透明度。"督政"先要"知政"。如果没有透明度，是难以进行督查督办的。

推进精准扶贫的过程中，许多地方的扶贫政策落实执行得好，老百姓满意，一个很重要的方面就是扶贫政策在阳光下运行。

请看《闽北日报》2017年10月18日的一篇题为《浦城：让扶贫政策在阳光下运行》的报道。

"各级干部办事都能在阳光下操作，这让我们贫困户享受到的各项政策更透明了。"日前，浦城县富岭镇圳边村村民吴从根看到公布的享受扶贫的贫困户名单，他很满意。

在护航精准扶贫中，浦城县纪委增强精准扶贫重大事项曝光率。规定，要公开危旧房改造、享受低保、贫困补助、救灾救济、创业贷款以及村干部及其直系亲属享受惠农惠民政策情况。去年6月中旬，县纪委了解到仙阳镇三元村百户点建设公示的名单中28户属于荣华山组团征地拆迁安置对象，不应再适用造福工程政策，依程序否决了这28户安置对象享受造福工程优惠政策的待遇。

"村里有几位贫困户是我亲戚、邻居，原来有些村民以为我会给他们些照顾，几次的公示，大家看到他们享受的福利与其他人一样，也就无话可说了。"忠信镇源里村党支部书记吴忠发介绍说，他的哥哥吴忠爱也是该村的贫困户，为避免大家说闲话，吴忠发主动提出由自己帮扶和照料哥哥，把哥哥的低保名额让给其他相对困难的村民。村民看到村干部办事没有私心，在村集体讨论公益事情时，也更有热情了。

"如果扶贫公开曝光率不够，就容易产生暗箱操作。"

该县纪委有关负责人说，政策公开，方便群众知道公不公正。对群众提出疑问进行核实，对该公开没公开的进行处理，要求其按规定主动公开相关信息，让各项扶贫政策更好地在阳光下运行。去年来，全县就有31个村因扶贫事项该公开没公开被约谈。[①]

由这篇报道可以看出，浦城县的扶贫政策执行得有起色，就是因为他们在扶贫政策实施的过程中重视督查督办。"去年来，全县就有31个村因扶贫事项该公开没公开被约谈"，而重视督查督办工作的前提，是扶贫政策在阳光下运行，公开透明度高。他们"公开危旧房改造、享受低保、贫困补助、救灾救济、创业贷款以及村干部及其直系亲属享受惠农惠民政策情况"。也正因为如此，避免了暗箱操作，让扶贫政策真正惠及贫困人家。

（三）建立健全严格的奖惩激励制度

奖，是正向激励；惩，是逆向激励。严格的奖惩激励制度，是抓好落实执行不可或缺的机制。因为一个团队奖励什么行为就是鼓励团队成员多做出类似的行为；同样，一个团队惩罚什么行为，就是希望在团队成员中抑制甚至杜绝类似行为的发生。

"水激石则鸣，人激志则宏。"对于落实执行好的年轻干部，组

---

① 柳志勇、傅素萍：《浦城：让扶贫政策在阳光下运行》，《闽北日报》2017年10月18日。

织上要给予他们物质上和精神上的激励褒奖；对于落实执行不力的年轻干部，组织上要给予他们一定的批评和依法依规的惩处。抓住不执行的事+追究不执行的人=执行。

司马穰苴在《司马法·天子之义》中云："赏不逾时，欲民速得为善之利也；罚不迁列，欲民速睹为不善之害也。"这段话的意思是说，奖赏不要过时，为的是使民众迅速得到做好事的利益；惩罚要就地执行，为的是使民众迅速看到做坏事的恶果。

总而言之，表扬奖励也好，批评惩处也罢，都需要及时兑现，以增强奖惩制度的严肃性和及时有效性。

美国有一家名为福克斯波罗的公司，这家公司专门生产精密仪器设备等高技术产品。

在创业初期，这家公司碰到了一个迟迟不能解决的技术难题。而这个难题如果不解决，公司就会生存不下去。公司总裁为此大伤脑筋。

一天晚上，正当公司总裁坐在办公室百思不得其解之时，一位科学家闯进了他的办公室，说是找到了一个解决的办法。

科学家的阐述让总裁豁然开朗。总裁喜出望外，想立即给科学家以嘉奖。可是，他在抽屉中找了半天，只找到了一根香蕉。他把这根香蕉作为奖品奖给了科学家。科学家很感动，因为他的成果得到了领导的肯定与赞赏。

从此之后，这家公司只要员工攻克了重大技术难题，都会得到公司授予的金制香蕉形别针。

（四）有效规章制度制定的主要原则

习近平总书记强调："制度不在多，而在于精，在于务实管用，突出针对性和指导性。"①制定出务实管用的执行规章制度，需要把握以下几个原则。

规章制度要务实管用，必须有好的设计。否则，规章制度就会成为前进路上的障碍，而不是行路的栏杆。

好的设计是不容易做到的。法国著名思想家卢梭就曾讲过这样一句话："要为人类制定法律，简直是需要神明。"②

这句话的意思很明显，就是说，规章制度的制定是神圣的，不是轻易就能设计的。制定法律对规章制度的制定者的素质有着很高的要求。

第一，制定规章制度者要有公正、公平的心态。心态决定状态。制定规章制度者的心态对规章制度的设计有着重要的影响。制定规章制度者，必须不为某种偏私利益所左右，以公正、公平的心态来设计规章制度。否则，就会成为某些利益集团的代言人，而使绝大多数人的利益受到侵害，这就丧失了规章制度制定的意义和目的。

第二，制定规章制度者要深知人性的特点。有一间几人合用的办公室。坐在门口的人在冬季常为进出的人不肯随手关门而大伤脑筋。

---

① 《习近平关于严明党的纪律和规矩论述摘编》，中央文献出版社、中国方正出版社2016年版，第55页。
② ［法］卢梭：《社会契约论》，何兆武译，商务印书馆1980年版，第53页。

于是，他在门口贴了一张告示："为了大家的温暖，请随手关门！"

告示贴出后，情况虽然有所改变，但收效不是很大。后来，他想出了一个新的方法。他将告示改写成："为了您和他人的温暖，请随手关门！"

从此以后，进出办公室的人都能随手把门关上。

这个故事说明什么？它说明的是，人们更关心与切身利益相关的事情。这就是人性的特点。

制定规章制度，一定不能高估人的"觉悟"。事实说明，当一个人不遵守规章制度并不能给他带来惩罚，相反还会给他带来益处的时候，他是不会选择遵守规章制度的。这就是人趋利避害的本性。

了解人的本性，有益于制定规章制度者针对人的本性设计出有效的规章制度。

第三，制定规章制度要把握的原则。多年来，党的各级组织制定了各种规章制度，各级政府部门制定了很多的法律或道德规则，企事业单位也制定了各种章程，但为什么有些规章制度并没有发挥它们应有的作用？原因虽然是多种多样的，但有一个根本的原因不能忽视，这就是在规章制度设计的原则上，存在着某些缺陷。

规章制度设计的原则，对规章制度的设计起着重要的影响和制约的作用。因此，规章制度制定者要提高规章制度制定的质量，应该遵循以下几个原则。

一是无赖原则。"无赖原则"是英国著名学者大卫·休谟提出来的。休谟说："政治作家们已经确立了这样一条准则，即在设计任何政府制度和确定几种宪法的制约和控制时，应把每个人都视为无赖——在他的全部行动中，除了谋求一己的私利外，别无其他目的。"

在休谟看来，规章制度的设计，要从最坏处着眼，假设每个人都是"无赖"。因为每个人都是"无赖"，所以，只有用强硬的规章制度来钳制他们，才能让他们老老实实、规规矩矩地服从公共利益。

"无赖原则"是规章制度设计的一个重要原则。必须把"无赖原则"引入规章制度的设计中，使得规章制度的设计达到这样的效果：既能有效地钳制"无赖"行径，又能防止和遏制人们萌发损害公共利益的"无赖"冲动，而不能对人的"觉悟"心存侥幸，对人的素质过高地估计。

二是有效原则。所谓有效原则，就是说，理论的规章制度必须能适用于真实的社会生活，必须能基本上反映真实生活中的思维方式和策略选择，并有效地约束真实生活。

我们所制定的规章制度，如果不能有效地约束真实生活，就失去它应有的意义了。因此，制定规章制度必须具有可操作性、真实有效，而不能成为无用的"装潢"。

规章制度如果不能有效，会使规章制度的制定者丧失公信力，从而产生负面的效应。这样的规章制度，还不如没有。

三是刚性原则。任何规章制度的制定，都应该突出刚性原则。这里所说的刚性原则有两层含义：一是其评价对错的标准只能有一个，而不能因人而异；二是其评价对错的标准不能留下弹性空间，过于原则化。否则，容易让一些人失去规章制度的制约，或打擦边球，或把严肃的规章制度变为"橡皮泥",随便拿捏。

四是一致原则。规章制度是利益的反映,不同的阶级有着不同的利益,因而具有不同的规章制度。

现代社会,规章制度的制定,是为了维护社会全体成员的共同利益。它必须为全体社会成员所承认,为绝大多数人所遵守。因此,规章制度的制定与形成,就应该遵循一致性的原则,使之具有适用于社会全体成员,包括各民族、各党派、各团体和各个阶层的人的特点。

也就是说,在社会的公共生活中,不论你的地位有多高,财富有多少,在规章制度面前,人人都是平等的。每个人都有遵守规章制度的义务和责任。任何违背了规章制度的行为都会受到惩处和谴责,任何遵守规章制度的行为都会受到赞扬和褒奖。

五是利益原则。以往,由于规章制度设计者对人们"觉悟"的过于相信,在规章制度设计中,他们往往忽视了经济利益原则。

在市场经济的条件下,从某种意义上讲,利益对是否遵守规章制度起着很大的影响和制约的作用。

如果一个人做事不遵守规章制度不会受到惩处,相反还会给他带来方便、带来益处的时候,他就会选择不遵守规章制度。

但是,如果规章制度的设计让他在不遵守规章制度时损失大于收益,他就会选择遵守规章制度。

六是细化原则。为什么现在"潜规则"大行其道?原因很多,但是有一个重要的原因不能不提,这就是有些规章制度的制定过于原则化,个人的自由裁量过多,因此,留下了许多可以打擦边球的活动空间。

实践证明，规章制度的制定越细化、越明确，"暗箱操作"的可能性就越小。

"马之不敢肆足者，衔辔束之也；民之不敢肆意者，法制束之也。"这是宋代吕祖谦在其《东莱博议·齐鲁战长勺》中所说的一段话，意思是说，马之所以不敢撒开四蹄奔跑，是因为有嚼子和缰绳约束着它；人之所以不敢任意妄为，是因为有法令制度约束着他。强化年轻干部的执行力，必须建立健全规章制度。

建立健全规章制度有一个"热炉法则"也不能不知。所谓"热炉法则"，是说热炉子是烫的，谁碰烫谁。"热炉法则"显示出以下四个特征。

一是警告性。热炉子是会烫伤人的，不用手去触摸就能知道。组织上要经常对年轻干部进行规章制度教育，以警示他们。

二是一致性。只要触摸热炉子，肯定会被烫伤，说与做是一致的，也就是说，只要你违反了规章制度，必定会受到惩罚。

三是即时性。当你触摸热炉子时，马上就会被烫伤。这就是说，只要有违反规章制度的行为，就必须立即进行惩罚，绝不能延迟处理，以达到及时纠正错误行为的目的。

四是公平性。不管是谁触摸热炉子，都会被烫伤。规章制度面前，人人平等，任何人都没有特权。

请看一则周恩来严格执行中央文件精神的故事。

周恩来逝世时，时任联合国秘书长的瓦尔德海姆感慨地说："中国是一个文明古国，她的金银财宝多得不计其数，她使用的人民币多得我们数不过来。可是，她的总理周恩来在国际银行没有一分钱存款！"①

周恩来不仅在国际银行没有一分钱存款，而且从来没有收受过任何礼品，即使是家乡的礼品也决不收。

江苏淮安是周恩来的故乡。1962 年初，淮安县委书记邵凤翥和副书记王纯高要到北京参加扩大的中央工作会议（七千人大会）。

赴京之前，县委常委们聚在一起讨论工作。会后，有人提出，总理一直惦记着故乡，却始终抽不出时间回来看看，咱们是不是顺便带点家乡土特产，给总理尝尝。一来表达故乡人民的心意，再则也让总理高兴高兴。

建议刚提出，就有人提了不同意见：上回咱们送了一点土特产，总理和邓大姐虽然勉强收下了，却付了 100 元钱，还写信批评我们没有学好中央有关文件，这次不一定再送了吧？

后来，大家商量来商量去，采取了折中的方法：少带一点，带最有特色又不用花钱买的。

带什么呢？大家不约而同地想到了茶馓。茶馓是香酥可口的茶点，为驰名南北的淮安特产，带上它给总理品尝，再合适不过了。

于是，他们挑选了最好的师傅，选择了上等的面粉和麻油，精心制作了一点茶馓。茶馓做好后，他们把它装在特制的白铁皮小桶里。

邵、王两位书记带着白铁皮小桶来到了北京。他们找到总理办公室，请秘书将茶馓转交给总理。

---

① 聂月岩编著：《毛泽东与周恩来》，中央文献出版社 2005 年版，第 127 页。

秘书一看送来的是礼品，赶紧摇头说，这绝对不行。总理从来不收礼品，你们还是带回去吧！

他俩一听，赶紧解释，这哪里是什么值钱的礼品，只不过是家乡人炸的馓子，我们带来就是想表表家乡人民的一点心意而已。

秘书听了他们俩的解释，觉得有道理，就答应代收下来。邵、王两位书记便高兴地回到了住地。

谁知，两天后，他们俩就被召到江苏代表团秘书处。原来，茶馓被退了回来。

总理办公室还专门来了位秘书向他们作解释："你们的心情，总理完全理解。但是，总理说，'茶馓一定不能收，为了这点茶馓，他们用白铁皮做桶子，这也是浪费……'"①

邵凤彝和王纯高听了这位秘书的解释，愣住了，不知如何是好。两人商量了一下，对秘书说，这是家乡人民托我们带来的一点心意，总理不收下，我们怎么回去向乡亲们交代呀。这样吧，既然我们已经带来了，总不好再带回去吧。请你带给总理，我们收粮票，收钱。

秘书说，"你们的主意，我们早给总理说过了，不行！你们过去不是送过一次莲子、藕粉吗，总理付了钱，你们这次又来了，要是再收下来，以后还会有人送的。总理再三嘱咐，'茶馓一定不能收！'还叫我带给你们一份中央关于不准请客送礼的文件，要你们好好学习……"

---

① 秦九凤编著：《落英缤纷沃中华：周恩来逸事》，中央文献出版社2001年版，第182页。

二人一看文件，只好收回茶徽。只见文件上有总理的亲笔批示：

"请江苏省委、淮阴地委、淮安县委负责同志认真阅读一下，坚决照中央文件精神办！"①

周恩来不仅要求家乡的负责同志按中央的精神办，他自己更是严格遵守执行中央的有关规定。他从不占公家的便宜，哪怕是一束花都不行。

一天晚上，周总理举行宴会后，乘车返回时发现后窗前放着一束鲜花，便问司机怎么回事。司机回答说："宴会结束时，看到服务员抱着许多从宴会桌上撤下来的鲜花，想起邓大姐很喜欢花，我就要了一束带回来了。"

周总理拿起那束鲜花看了看说："公家的东西，不能随便要、随便拿。"然后他接着说，"今天太晚了，记住明天一定把花送还给饭店。"

1963年1月，周总理和邓颖超到苏州看望陈云。当周总理离开时，接待人员搞了一些"苏式糖果"，准备送给周总理。

邓颖超立即叫随行人员付款。当周总理知道是按成本收费时，就坚持按市场价把钱全部补上，并严肃地说："我们是人民的勤务员，决不能搞特殊化。你们做接待工作的同志要切记这一点嘛！"②

---

① 秦九凤编著：《落英缤纷沃中华：周恩来逸事》，中央文献出版社2001年版，第183页。
② 参见秦风：《伟人廉政佳话》，秦风网2004年7月23日。